2002 제1차
일본유학시험 EJU
기출문제·정답
완전공개자료

(財)日本国際教育協会 편저

시사일본어사

머리말

본 협회는 일본의 대학(학부)에 입학을 희망하는 외국인 유학생에 대해 일본어능력 및 기초학력을 평가하는 목적으로 2002년부터 연 2회 국내외에서 일본유학시험을 실시하기로 하고, 2002년 6월 16일(일)에 제1회 시험을 실시하였습니다.(제2회는 11월에 실시)

따라서 본 협회는 수험 희망자 및 관계기관에「일본유학시험」을 홍보함과 동시에 수험 희망자의 시험 공부에 편의를 도모하고자 시험 문제와 정답을 공개하기로 하였습니다.

본서는「일본유학시험」제1회(2002년 6월 16일 실시분)에 출제된 시험 문제가 게재되어 있으며, 그 구성과 내용은 다음과 같습니다.

1. 본서는 본책과 CD 1장으로 되어 있습니다. CD에는 〈일본어과목〉 중「청해」와「청독해」의 음성이 수록되어 있습니다.
2. 〈일본어과목〉의「청해」및「청독해」에는 실제시험과 마찬가지로 스크립트(음성을 문장으로 옮긴 것)는 없습니다.
3. 실제 시험 문제 용지와 해답 용지는 A4 크기입니다. 여기에 실린 시험 문제 용지와 해답 용지는 실물보다 축소되어 있습니다.

또한 시험 출제 범위에 대한 내용은, 본 협회 홈페이지(http://www.aiej.or.jp)의「シラバス」에 게재되어 있으므로 참고해주십시오.

아울러 시험 출제 형식과 출제 범위는 앞으로 변경될 수 있습니다.

이 시험 문제의 공개가 국내외 많은 일본 유학 희망자에게 도움이 되기를 바랍니다.

2002년 8월

財団法人　日本国際教育協会

목 차

시험문제

일본어 ……………………………………………………………………… 7
    기술문제　　9
    청해문제　　13
    청독해문제　17
    독해문제　　41

〈일본어판〉

이과 ………………………………………………………………………… 63
    물리　65
    화학　75
    생물　85

종합과목 …………………………………………………………………… 95

수학 ………………………………………………………………………… 113
    수학코스1(기본코스)　　115
    수학코스2(상급코스)　　128

〈영어판〉

Science ……………………………………………………………………… 141
    Physics　　143
    Chemistry　153
    Biology　　163

Japan and the World ……………………………………………………… 173

Mathematics ………………………………………………………………… 197
    Mathematics: Course1 (Basic Course)　　199
    Mathematics: Course2 (Advanced Course)　212

해답용지 …………………………………………………………………… 224

참고자료 …………………………………………………………………… 231
  2002년도 일본유학시험(제1회)실시요강　　233
  2002년도 일본유학시험(제1회)실시지역응모자ㆍ수험자수 일람　　236
  2002년도 일본유학시험(제1회)시험회장 일람　　237

정답표 ……………………………………………………………………… 239

平成14年度

日本留学試験(第1回)

試験問題

問題用紙

平成14年度（2002年度）日本留学試験

日本語
（120分）

I 注意事項
1. 試験開始の合図があるまで，この問題用紙の中を見てはいけません。
2. この問題用紙は，54ページあります。
3. 解答は，解答用紙に鉛筆（HB）で記入してください。
4. 問題用紙の余白は，メモに使ってもかまいません。
5. 試験が終わっても，この問題用紙を持ち帰ることはできません。
6. 受験番号と名前を下の欄に，受験票と同じように記入してください。

II 解答上の注意
1. 問題は，記述・聴解・聴読解・読解の四つに分かれています。
   各区分の解答は，監督者の指示にしたがって始めてください。
2. 記述の解答は，記述用の解答用紙に日本語の文章を書いてください。
   聴解・聴読解・読解の解答は，問題の文または音声の指示にしたがって，解答用紙（マークシート）の対応する解答欄にマークしてください。
3. 解答用紙に書いてある注意事項も必ず読んでください。

受験番号			*				*					
名　前												

記述問題

記述問題は<u>1問だけ</u>選んで,「記述」の解答用紙に書いてください。

日本語—2

記述問題

以下の二つのテーマのうち,どちらか一つを選んで書いてください(解答用紙の「テーマの番号」①・②のうち,選んだテーマの番号を○で囲むこと。また,文章は横書きで書くこと)。

①今,留学生のための大規模な学生寮を建てる計画があります。ある人は,建築場所は都会がいいと言います。また,ある人は,田舎がいいと言います。あなたはどちらの意見に賛成しますか。どちらかの立場に立ったうえで,理由を挙げて考えを400字程度で書いてください(句読点を含む)。

②ある人は,小さい頃からコンピュータをどんどん使わせた方がいいと言います。また,ある人は,小さいうちはコンピュータの基本的なことができればいいと言います。あなたはどちらの意見に賛成しますか。どちらかの立場に立ったうえで,理由を挙げて考えを400字程度で書いてください(句読点を含む)。

────── このページには問題はありません。──────

聴解問題

このページのあとに，メモ用のページが3枚あります。音声を聴きながらメモに使ってもいいです。
答えは解答用紙のマークシートにマークしてください。

1番の前に1度練習をします。

> 聴解問題は，音声を聴いて答える問題です。問題本文も選択肢も全て音声で読まれます。音声は一度しか聴くことができません。音声をよく聴いて，答えを解答用紙にマークしてください。
> 聴解の解答用紙には，『正しい』という欄と『正しくない』という欄があります。正しい答えは一つですが，それぞれの選択肢が読まれるごとに，正しいか正しくないか，マークしてください。
> それぞれの問題の最初に，ポーンという音が流れます。これは，「これから問題が始まります」という意味の音です。

－ メ モ －

－ メ モ －

－ メ モ －

聴読解問題

音声を聴きながらメモをしてもいいです。
答えは解答用紙のマークシートにマークしてください。

1番の前に1度練習をします。

> 聴読解問題は，問題用紙に書かれていることを見ながら，音声を聴いて答える問題です。音声は一度しか聴くことができません。音声をよく聴いて，答えを解答用紙にマークしてください。1, 2, 3, 4の中から正しい答えを一つだけ選び，解答用紙にマークしてください。
> それぞれの問題の最初に，ポーンという音が流れます。これは，「これから問題が始まります」という意味の音です。問題本文の音声の後，二回目のポーンという，初めの音より少し低い音が流れます。これは，「問題本文はこれで終わりです。解答を始めてください」という意味の音です。

聴読解問題

練習

男子学生と女子学生が，メニューを見ながら話しています。
この女子学生はランチにいくら使いますか。

```
かつまさやメニュー

とんかつ      ￥450
ハンバーガー   ￥550
ラーメン      ￥600
うどん        ￥500
そば          ￥500
コーラ        ￥300
コーヒー      ￥500
紅茶          ￥450
```

1．￥550
2．￥600
3．￥1,050
4．￥1,100

1番

女性と男性が，パソコンのコース内容を見ながら話しています。
この女性はどのコースにしますか。

1.

入門コース

日曜　13:00〜16:00
　　　（5,000円）

初めてパソコンを使う方のクラスです。

2.

初級コース

土曜日曜　9:00〜18:00
　　　（20,000円）

二日間，集中コースです。

3.

中級コース

土曜　13:00〜16:00
　　　（5,000円）

簡単な操作ができる方のクラスです。

4.

中級コース

土曜日曜　9:00〜18:00
　　　（20,000円）

二日間，集中コースです。

2番

男性と女性が荷物の配達について話しています。
この女性は荷物の配達時間をどの時間帯に指定しますか。

```
           「お届け時間帯指定」

   お届けする時間帯を下の6つの中からご指定いただけます。

          午前中           16時～18時
         12時～14時         18時～20時
         14時～16時         20時～21時

   365日，日曜祭日も休まず営業     TEL 0120－×××－×××
```

1．午前中
2．16時～18時
3．18時～20時
4．20時～21時

3番

女性が東谷駅の旅行案内で聞いています。
この女性は東谷駅と竹田駅の往復にいくら払いますか。

竹田駅 ⟷ 東谷駅

料金

バス	片道券　1,300円	往復券　2,500円
電車	片道券　1,250円	往復券　2,300円

1．2,300円
2．2,500円
3．2,550円
4．2,600円

4番

男子学生と女子学生が，パンフレットを見ながら合宿でどこに泊まるか相談しています。二人はどこに決めましたか。

1.
   さくらホテル
   テニスでエンジョイ！
   海もすぐそこ
   一泊お一人様　4,500円

2.
   ホテル　富士山
   すてきなコテージ
   ゆったりテニス（コート5面）
   一泊お一人様　12,000円より

3.
   山田旅館
   テニスで汗をかいたら，
   温泉でのんびりできます
   一泊お一人様　¥5,000
   　　（お食事は別料金）

4.
   村田屋旅館
   テニス！　テニス！　テニス！
   一泊お一人様　3,500円より

日本語-16

5番

男性が女性に，通勤に使っている電車についてインタビューしています。
この女性の乗る電車の混雑の度合いはどれですか。

```
○か×
質問1          ○の数
質問2          0      よい
質問3          1〜2   ふつう
質問4          3〜4   ややひどい
質問5          5      ひどい
```

1. よい
2. ふつう
3. ややひどい
4. ひどい

6番

男子学生と女子学生が休講のお知らせを見ながら話しています。この女子学生がとっている授業はどれですか。

```
          休講のお知らせ

  6／3（月）              6／3（月）
  1時間目  社会学  204教室   2時間目  経済学  302教室
  次回  テストを行う         夏休み中に補講あり

  6／3（月）              6／3（月）
  1時間目  心理学  105教室   2時間目  会計学  504教室
  要レポート提出           要レポート提出
```

1．社会学
2．経済学
3．心理学
4．会計学

7番

男子留学生と女子学生が，講義案内を見ながら話しています。
この男子留学生は，どの授業を取りますか。

1.

科目名：日本語ⅠA	
担当教官：田中	曜日・時間：月・4
手紙からレポートまで，日本語で文章を書く練習をする。間違えやすい文法事項の練習もあわせて行う予定。	

2.

科目名：日本語ⅠB	
担当教官：山田	曜日・時間：火・3
『留学生のための読み物』を読むことを通して，言葉や表現を増やすことを目的とする。読み終わるごとに，感想・意見などを話し合ってもらう。	

3.

科目名：日本語ⅡA	
担当教官：小林	曜日・時間：木・2
ビデオやニュースを使って，聞き取りの練習をする。90分テープを1本持ってくること。時間があれば，発音練習も行う。	

4.

科目名：　日本語ⅡB	
担当教官：石川	曜日・時間：金・5
日本および日本人についてテーマを決め，それについてディスカッションを行う。	

8番

男子学生と女子学生が，本の広告を見ながら話しています。
この男子学生は，何番の本を買いますか。

桜出版の心理学の本

1) 『教師のための心理学』
   様々な行動になって現れる子供の心を理解するための本。

2) 『心理学入門』
   これから，心理学を学びたいと思っている人のために基本的な事柄を解説。

3) 『コミュニケーションのための心理術』
   もっと人とうまくつきあいたいという人のために書かれた本。

4) 『深層心理がわかる本』
   簡単な質問に答えることによって，あなたの深層心理を探る。

1．1番の本
2．2番の本
3．3番の本
4．4番の本

9番

男子学生と女子学生が、ゼミ発表の手順について話し合っています。
この二人はどういう手順でゼミ発表をすることにしましたか。

1.

- テーマを選んだ理由
- 現状の説明（写真）
- 問題解決の方法（全体ディスカッションを含む）
- 全体のまとめ

2.

- 現状の説明（写真）
- テーマを選んだ理由
- 問題解決の方法（全体ディスカッションを含む）
- 全体のまとめ

3.

- テーマを選んだ理由
- 現状の説明
- 問題解決の方法（発表のみ）
- 全体のまとめ

4.

- 現状の説明（写真）
- テーマを選んだ理由
- 問題解決の方法（発表のみ）
- 全体のまとめ

10番

男子学生と女子学生が，掲示板のサークルの貼り紙を見ながら話しています。
この女子学生の希望と合っているサークルはどれですか。

1.

楽しくやろう！
バトミントン部

練習日：月・水・金
練習時間：16:00-18:00
練習場：運動公園

2.

昨年全国優勝の
バレーボール部

練習は厳しく，勝利の喜びは大きく！
練　習：毎日
練習場：体育館

3.

ボランティア研究会

自分の力を他の人のために！
小さな力も大きな力に

活動日：水・土・日

4.

英語研究会

活動日：月～金　16:00～

LET'S ENJOY SPEAKING
ENGLISH!

11番

木村さんと大家が話しています。
木村さんはどの順番に行きますか。

1．大家さんの家　→　学校　　　　→　病院

2．大家さんの家　→　病院　　　　→　学校

3．病院　　　　　→　学校　　　　→　大家さんの家

4．学校　　　　　→　大家さんの家　→　病院

12番

学生がコンピュータで本の検索をしています。
この学生が打ち込んだコンピュータの画面はどれですか。

1.
書名		で始まる ▼
著者名	山下けんじ	で始まる ▼
出版社名	かいよう出版	で始まる ▼

2.
書名	日本の環境アセスメント	で始まる ▼
著者名	山下けんじ	で始まる ▼
出版社名	かいよう出版	で始まる ▼

3.
書名	日本の環境アセスメント	で始まる ▼
著者名	山下けんじ	で始まる ▼
出版社名		で始まる ▼

4.
書名	日本の環境アセスメント	で始まる ▼
著者名		で始まる ▼
出版社名	かいよう出版	で始まる ▼

13番

先生が，体験学習について質問に答えています。
この先生の話の内容と合う図は，どれですか。

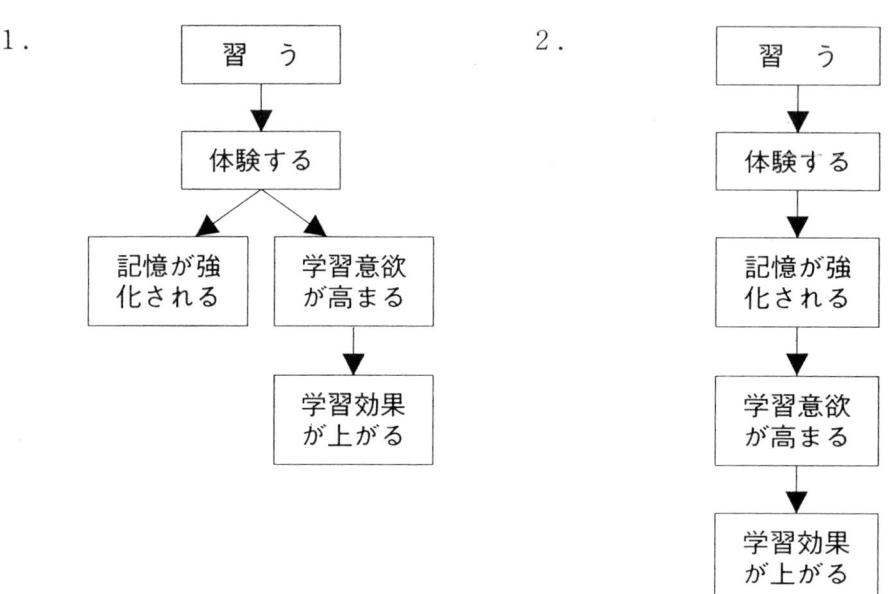

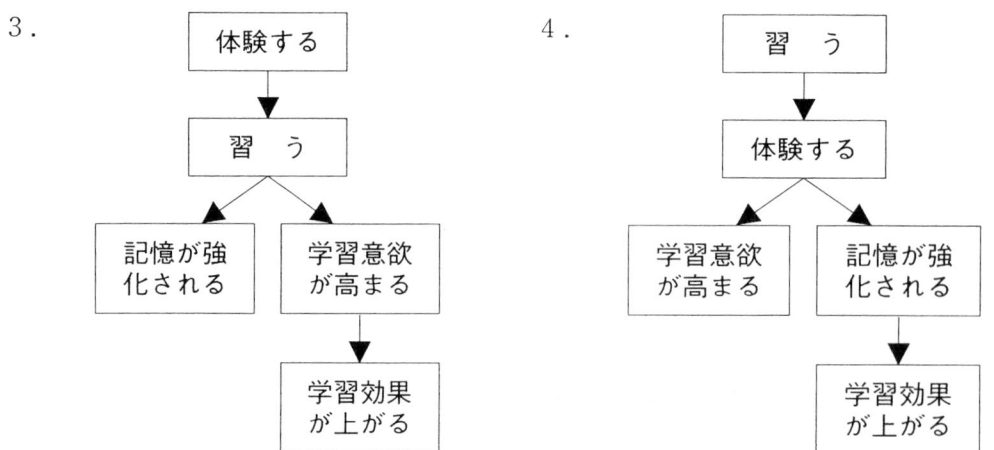

14番

女子留学生のリーさんが友達からサークルの説明を聞いています。
リーさんは、1週間に何回練習に参加できますか。

		月	火	水	木	金	土
1	1限 9:00-10:30	心理学Ⅰ	体育		情報処理Ⅰ	情報処理Ⅰ	
2	2限 11:00-12:30		英語Ⅰ		英語Ⅰ	日本語	
3	3限 13:00-14:30	宗教学Ⅰ		文化人類学		商学Ⅰ	教職
4	4限 15:00-16:30	社会学Ⅰ	法学概論				図書館学
5	5限 17:00-18:30			経済学概論			

1．1回
2．2回
3．3回
4．4回

15番

教授と学生が話しています。この学生がまず読んだほうがいいのはどの本ですか。

	書名	著者	出版社
A	商品学と市場	西村洋一	商経社
B	マーケティングⅠ	西村洋一	丸田書店
C	マーケティングⅡ	西村洋一	丸田書店
D	何が消費者を動かすか	松田　進	大書出版
E	ＡＳＥＡＮ経済圏	坂本正男	大書出版
F	新しい流通政策	中村一郎	法青社
G	生産のメカニズム	月山　広	早見出版
H	電子マネーの仕組み	月山　広	早見出版

1．ＢとＨ
2．ＣとＤ
3．ＢとＤ
4．ＢとＧ

16番

女子学生が論文について先生と話しています。
この女子学生が先生に論文を見てもらえるのはいつですか。

■ 学生の手帳

	日 7	月 8	火 9	水 10	木 11	金 12	土 13
午前	9:00 研究会	9:00 ↕ 授業	9:00 ↕ 授業	9:00 ↕ 授業		9:00 ↕ 授業	9:00 学会
午後		↕ 5:00	3:00	3:00 3:30 就職説明会	1:30 ↕ 授業 5:00	12:30	
夜		5:30 アルバイト			6:00 アルバイト		

1．火曜の午後
2．木曜の午前
3．金曜の午後
4．土曜の午後

17番

学生がアンケートの結果について話しています。
このアンケートの結果の順位はどれですか。

1.
1位	コンビニエンスストア
2位	本屋
3位	図書館
4位	ATM（銀行・郵便局）
5位	喫茶店

2.
1位	ATM（銀行・郵便局）
2位	図書館
3位	本屋
4位	喫茶店
5位	コンビニエンスストア

3.
1位	喫茶店
2位	コンビニエンスストア
3位	本屋
4位	図書館
5位	ATM（銀行・郵便局）

4.
1位	コンビニエンスストア
2位	本屋
3位	ATM（銀行・郵便局）
4位	喫茶店
5位	図書館

18番

男子留学生と女子留学生が大学の予定表を見ながら話しています。
この女子留学生はいつ帰国するつもりですか。

年間予定表

```
           ⋮
7月25日(火)～8月1日(火)        前期定期試験
8月2日(水)～9月19日(火)        夏期休暇
[9月11日(月)～9月15日(金)]     追試験(全学年)
9月20日(水)                   後期授業開始
10月26日(木)～10月30日(月)     大学祭(休講)
12月19日(火)                  後期授業終了
           ⋮
```

1．7月10日～7月24日
2．8月2日～8月16日
3．9月5日～9月18日
4．9月20日～10月4日

19番

教授が「パターン認識に関する情報処理」について講義をしています。
二人の学生があげた情報処理の例はそれぞれ「ボトムアップ」と「トップダウン」のどちらですか。

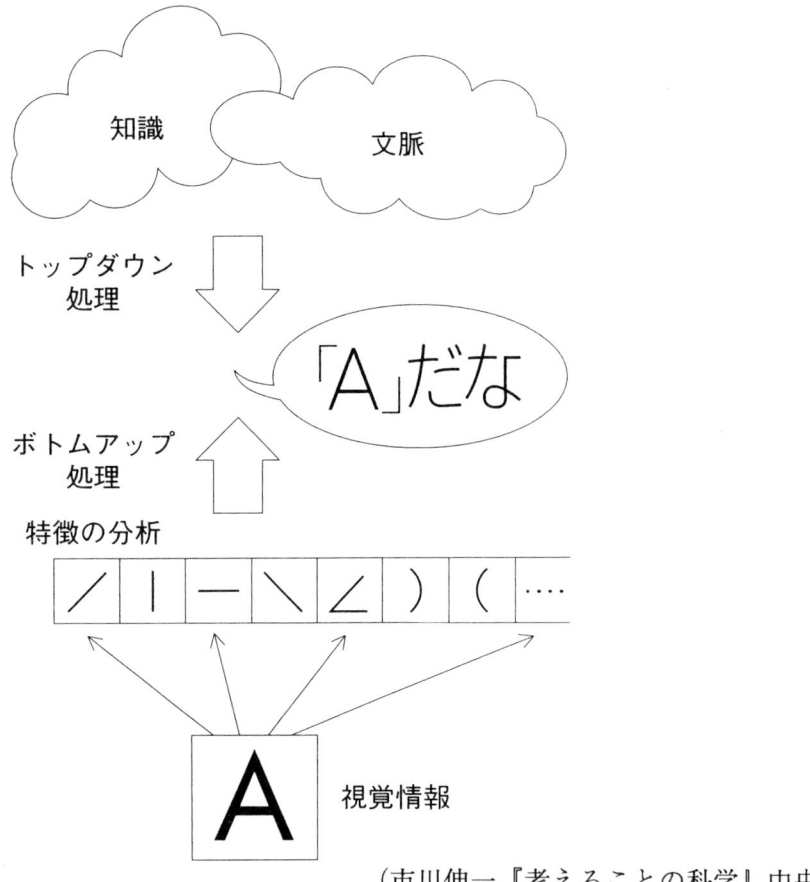

（市川伸一『考えることの科学』中央公論新社による）

1．男子学生はトップダウン，女子学生はボトムアップの例
2．女子学生も男子学生もトップダウンの例
3．女子学生はトップダウン，男子学生はボトムアップの例
4．男子学生も女子学生もボトムアップの例

20番

教授がグラフを見せながら説明しています。
このあと教授が言うことはどれですか。

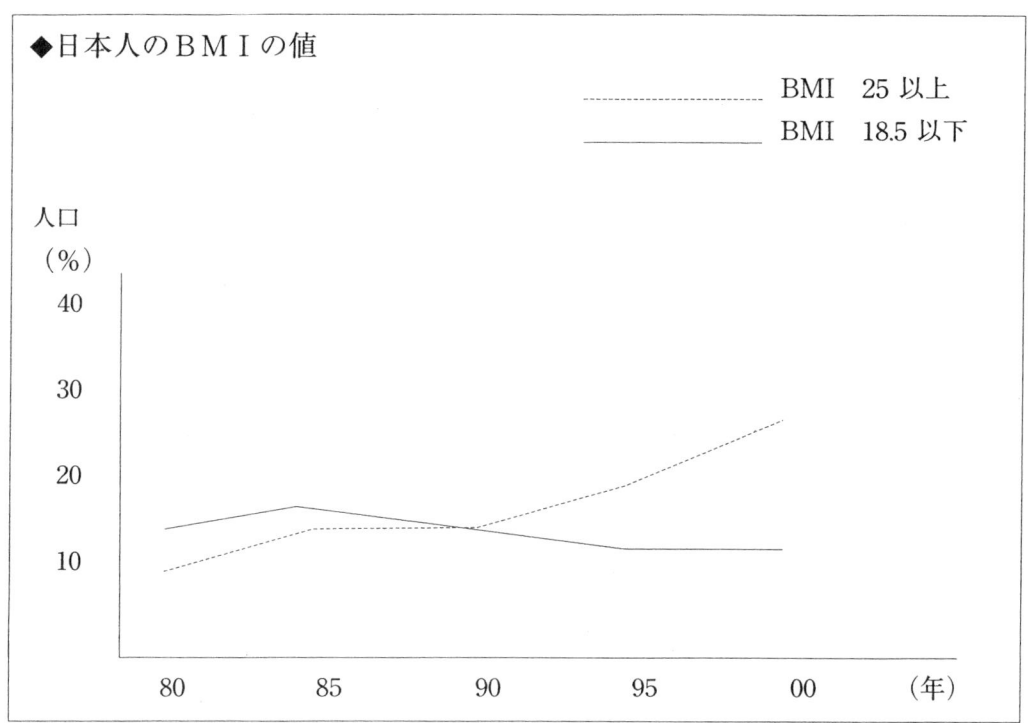

1．太っている人が増えて，痩せている人が減っている。
2．痩せている人が増えて，太っている人が減っている。
3．太っている人も痩せている人も減っている。
4．太っている人も痩せている人も増えている。

――― このページには問題はありません。―――

読解問題

読解問題は問題用紙に書かれていることを読んで答えてください。

答えは解答用紙のマークシートにマークしてください。

問 1

次の文章の内容と合っているものはどれですか。

ぶどう狩りに行きませんか

9月30日（日曜日），山梨のぶどう園へ，ぶどう狩りに行きます。

自然の中で，いろいろな種類のぶどうを食べながら，一緒に楽しい時を過ごしませんか。

日時	9月30日（日）
行き先	ゆたか農園（ぶどう園）　現地までバスで移動します。
集合・解散	大学正門前　　午前9時集合 ぶどう狩り終了後バスで大学に戻り，17時ごろ解散予定
参加申し込み	9月14日（金）までに留学生相談室に申し込んでください。
費用	・入園料　300円 ・ぶどうを持ち帰る場合は料金がかかりますので，各自準備してきて下さい。 ・交通費は無料です。
参加スタッフ	佐藤　光一〔留学生相談室〕

＊　各自，昼食のお弁当を持ってきてください。
＊　詳しいことや当日の緊急連絡は，下記まで電話をしてください。

佐藤（TEL：03-3567-XXXX）

1. 参加したい人は，前もって申し込まなければならない。
2. 参加したい人は，ぶどう狩りの前日までに佐藤さんに電話をすればよい。
3. 参加者は，ぶどう園に行くための交通費を払わなければならない。
4. 参加者は，無料でぶどうを持って帰ることができる。

問2

次の文章は新聞のインタビュー記事です。
二本足で歩くロボットを作った竹中(たけなか)さんが、ロボットにさせたいことは何ですか。

　　──ロボットにさせたいことは？
竹中：　ロボットと人間の協調作業を狙(ねら)いたい。重たいものを二人で持ち上げるとか、スポーツ。私はテニスが趣味なので、ロボットとダブルスを組みたい。自分向きのチューニング（調整）をしたロボットと出場する。何十年先かは分からないけど。
　　　　ロボットを連れて歩くのがファッションになり、ロボットがそばにいて、人間の生活を創造的にするのを目指したい。動けなかった人がロボットの介護で外に出て積極的になれるようにしたいですね。

　　　　　　　　　　　　　　　　　　　　　（『朝日新聞』2001年4月20日　夕刊）

1．ロボットにテニス大会をさせたい。
2．ロボットにきれいな服を着せたい。
3．人間が創造的に生きる手助けをさせたい。
4．ロボットが積極的に動けるようにしたい。

問3

次の文章の（　A　）に入るものとして，最も適当なものはどれですか。

　うちの近所の花屋では，少し傷んだ花があると，3本ぐらい束ねて10円で売ってくれる。狭いアパートの部屋にはちょうどいい量で，見かけると娘へのおみやげに買って帰る。まだ小さい娘は「はな」と言って喜ぶ。
　しかし，花屋だってビジネスである。10円で花を売れば，その分ほかの花の売上げも少しは落ちるだろうし，そもそも輪ゴムで束ねて紙で巻いてテープでとめるという手間だけでも10円ではすまないはずだ。
　それでも続けているのは，店の人の花への気持ちなのだと思う。（　A　）である。
　そんな気持ちがあちらこちらに残っている町でこそ，私たちは気持ちよく暮らせるのではないだろうか。

1．狭いアパートの部屋でも，花があった方が生活にゆとりが出るという気持ち
2．10円で花を売れば，その分ほかの花もよく売れるだろうという気持ち
3．花束を作るのに手間がかかるので，10円で売るべきだという気持ち
4．捨ててしまう方が得であっても，花を「ゴミ」にはしたくないという気持ち

問4

筆者が山登りを始めたのはなぜですか。

　今，私が山に登る最大の理由は，自分に勝つためです。私は子供の頃、体が弱かったので，それを克服しようと思って山登りを始めました。だんだん登れる山が高くなるにつれて，「もっと高く，もっと速く」と欲が出てきました。
　何のためにこんなに苦しい思いをして登っているのだと自分に問いかけ，何度引き返したいと思ったか知れません。しかし，途中の苦しさを克服して，山頂で見る青空は最高です。もちろん山登りにより体力もつき，病気がちだった体もすっかり丈夫になり，医者いらずの生活をしています。

1．体力をつけたいと思ったから
2．高い山に登ったから
3．山頂で美しい青空を見たから
4．体力がついたから

問5

留学生のラタナさんは奨学金がほしいと考えています。
ラタナさんが申し込むことができる奨学金はどれですか。

```
            奨学金申請書
  1  氏    名： ラタナ　シリポン
  2  生年月日： 1979 年 5 月 17 日（ 21 歳）
  3  国・地域： タイ
  4  住    所： 東京都新宿区大山町１－２－XXX
  5  所    属： 国際大学工学部システム工学科１年
  6  現在奨学金の支給を受けていますか。｜はい・ いいえ ｜
```

No	奨学金名	支給金額	支給対象	年齢制限	出身国・地域	条件
1	森田奨学金	2万円／月	大学		中国, 韓国	
2	さくら奨学金	5万円／月	大学	25歳以下	アジア, アフリカ	
3	SAスカラシップ	7万円／月	大学		アジア, アフリカ, アメリカ	医学部の学生
4	ふじ奨学金	5.5万円／月	大学3・4年		アジア	
5	やまと奨学金	10万円／月	大学	20歳以下	タイ, ベトナム	
6	レインボー・スカラシップ	15万円／月	大学		インドネシア, マレーシア	

1．さくら奨学金
2．SAスカラシップ
3．ふじ奨学金
4．やまと奨学金

問 6

次の文章の内容と合っているものはどれですか。

　この会社は，1950年代の会社設立以来，時計を生産して一部を海外に輸出してきました。設立当初，腕時計の90％は海外に輸出されていましたが，置き時計の輸出率は腕時計の半分以下でした。こうした状況は，1970年代まで続きます。しかし，1980年を境に状況は変わりました。腕時計の輸出率が落ち始めたのに対し，置き時計の輸出率が急成長を始めたのです。1995年にはとうとう，置き時計の輸出率は腕時計の輸出率を抜きました。この傾向は今に到るまで変わっていません。現在，置き時計と腕時計の輸出率の差は10％にまで広がっています。

1．1970年頃，置き時計の輸出率は50％程度だった。
2．1980年頃，置き時計の輸出率のほうが腕時計の輸出率より高かった。
3．1995年に，置き時計の輸出率は腕時計の輸出率を初めて上回った。
4．現在，腕時計の輸出率は置き時計の輸出率より10％ぐらい高い。

問7

電子メールが届きました。
送別会に出席できない人が、「返信メール」に書かなければならないことは何ですか。

```
From    ：前田マリ子＜mariko@XX.XXX.ne.jp＞
To      ：アニメ研究会会員
Cc      ：
Subject ：神田先輩の送別会の件
```

今年も残りわずかとなりました。もう冬休みの計画は、決まりましたか。
皆様ご存知のように、神田先輩は来年の3月からカナダに留学することになっていましたが、急に出発が早まりました。そこで、以下のとおり送別会を開くことにしました。
ぜひご出席ください。

　　　日時：　12月20日（土）　6時半より
　　　場所：　赤坂「レストラン・ポレポレ」
　　　会費：　4,000円

都合のつかない方は、その理由と神田先輩へのメッセージを書いて、私あてに返信してください。メッセージはカードに印字して、先輩にプレゼントのワイン・グラスと一緒に当日お渡しします。準備の都合がありますので、「返信メール」は17日までにお願いします。
では、20日の土曜日にお会いしましょう。

　　　　　　　　　　アニメ研究会会長　　前田マリ子

1．出席できない理由と先輩にプレゼントしたい品物
2．出席できない理由と先輩へのメッセージ
3．冬休みの計画と出席できない理由
4．冬休みの計画と先輩へのメッセージ

問 8

留学生のチンさんはこのチラシを持って，田中電気店にパソコンを買いに来ています。もしチンさんが学生証を見せて普通20万円するパソコンを買うとしたら，いくらで買えますか。

```
田中電気店
    春の新入生歓迎特別セール
      全商品 20 ％以上 OFF！        20%
  サービスのご紹介                  OFF
      洗濯機・冷蔵庫    2 割引
      テレビ            4 割引
      カメラ・時計      3 割引
      パソコン          5 割引
      ビデオ            3 割引

  ※ 学生証持参の方は割引した値段からさらに10％OFF！
```

1．12万円
2．10万円
3．9万円
4．8万円

問9

次の文章の内容として，最も適当なものはどれですか。

　ひとり暮らしや核家族化が進む今日では，隣人に干渉されないという自由や気楽さがある一方で，孤独感を募らせている人も少なくないようです。
　そんな寂しさからくるストレスを，動物を飼うことで解消しようという人が増えています。動物は，こちらが何かアクションを起こせば，それにこたえてくれます。また，時には，こちらの意に沿わないような行動をすることもあります。このような動物との触れ合いが，飼い主の孤独感をやわらげ，ストレスを解消してくれるのです。
　以前は，犬は番犬，猫はネズミとりというように，実用のために動物を飼うのが一般的でした。しかし，いまでは，飼い主の心を癒し，ストレスをやわらげてくれる存在として家族同様と考えられるようになっています。

（『心のコリをほぐす本』東京法規出版／日本私立学校振興・共済事業団による）

1．最近，寂しさからくるストレスを解消するために動物を飼う人が増えている。
2．最近，人の言うことをきかない動物を飼ってストレスを感じている人が増えている。
3．最近，動物を実用のために飼うことでストレスを解消する人が増えている。
4．最近，ストレスを感じている動物を家族同様に考える人が増えている。

問10

留学生のシャイナさんの日記の文章の正しい順番はどれですか。

A　私は国の友達を思い出して，本当に懐かしく，幸せで心が暖かい気持ちでいっぱいになった。

B　日本の小説をくれた人もいたし，かわいいブレスレットをくれた人もいたが，もう一つ一番嬉(うれ)しかったものがある。

C　今日は私の誕生日だった。いろいろな人から，いろいろな誕生日プレゼントをもらった。

D　それは，パーティーの一番最後にみんながくれた一本のビデオテープだ。それを見ると，そこには，私の国にいる友達のメッセージが入っていた。みんなが，私の国の友達へビデオを送るように頼んでくれていたのだ。

1．C－B－D－A
2．B－D－A－C
3．C－D－A－B
4．B－A－D－C

問11

筆者は国に対し，どんな高齢者対策を新たにたてるべきだと言っていますか。

　65歳以上の高齢者の数が急速に増えている。国は高齢者対策をいろいろ考えて実施している。その大部分は病気などで動けなくなった時にどうするかや，体の弱った高齢者が家庭での生活を送るために，その家族をどう支援するかなどである。確かに年とともに体力が弱ってくるから，病気対策は重要である。しかし，現実には高齢者と言っても，若者と同じぐらい元気な人もいる。その人たちはまだまだ働けるし，また，働きたいと思っているに違いない。何より経験が豊富である。そこで，国は考えを変えて，まずその人たちの力を活用するために働く場所を作る，そのためにお金を使うというのはどうだろう。そうすれば，高齢者も元気になり，一緒に住んでいる家族も元気になり，社会全体が元気になる。そのような対策に国がお金を使うなら，国民は喜んで賛成すると思う。

１．高齢者の体が弱ってきた時の対策
２．高齢者用の施設を増やすという対策
３．高齢者が病気で動けなくなった時の対策
４．高齢者の持つ力を活用するという対策

問12

筆者はどうして,「高校時代,本を読むのが怖かった」と言っていますか。

　高校時代,本を読むのが怖かった。特に小説を読むことが。小さい頃は親と一緒に買い求めた本以外にも,学校や街の図書館から何冊も借りて来て,一人,読むのが大好きだった,この僕がだ。
　高校時代に読んだという本の話を友だちや編集者の人たちがし始めても,だから,僕は参加することが出来ない。それ以前の段階で多くの人たちが読むであろう本には,共通体験が一杯あるというのに。それで,"青春の一冊"と称するような本を,この僕は得意げな顔をしてあなた方の前で挙げることも出来ない。
　本を読むことで,想像力をふくらますことが出来る。それは,本当だろう。けれども,当時の僕は,本を読むことが「学校での勉強」という現実から逃避する行為であると思い込んでいたところがあるのだ。
　なるほど,本は心を豊かにしてくれる。だから,出来るならば勉強の合い間にも読んでみて欲しい。けれども,それは,あくまでも現実から逃れるためにではなく,だ。でなければ,あなたも,そして,買い求められた本にとっても,不幸である。
　　　(田中康夫「現実から逃れるためでなく」『新潮文庫の100冊　1986年』新潮社による)

1．本を読んでも他の人に「青春の一冊」を挙げることが出来ないから
2．本を読むことが「学校での勉強」からの逃避であると思っていたから
3．本を読むことで,想像力をふくらますことが怖かったから
4．本は心を豊かにはしてくれないと思い込んでいたから

問13

次の文章は新聞記事です。
「トラッキング現象」というのは何ですか。

　　　　寝室から出火，『トラッキング現象』が原因か。

　昨日午前10時ごろ，青葉区本町2丁目の会社員，佐藤慶介(さとうけいすけ)さんの自宅から出火し，通報を受けた消防車3台が消火にあたったところ，寝室の一部を焼いただけで，火は，1時間後に消えた。けが人などはなかった。警察と消防で現場検証したところ，ベッド付近のコンセントから出火し，火がベッドカバーに燃え移ったものと判明した。これは「トラッキング現象」と呼ばれ，差し込んだままのコンセントにほこりがたまり，それが湿気を含むことによって弱い電気が流れ出し，さらに炭化して燃え出すものである。最近このような火災が頻発しており，消防ではコンセントにプラグを差し込んだままにしないように呼びかけている。

1．ベッド付近のコンセントから出火すること
2．コンセントの火がベッドカバーに燃え移ること
3．コンセントから弱い電気が流れ出すこと
4．コンセントのほこりが炭化して燃え出すこと

問14

次の文章は日本の会社組織について述べたものです。
「組織の中抜き」によって起こるのはどんなことですか。

　最近,「組織の中抜き」ということが盛んに言われている。日本の会社組織は,平社員の上に係長,課長,部長などがいて,その上に社長がいるという縦長の構造になっている。このような組織では,一人一人の社員の意見がなかなか上に伝わりにくく,また上層部の決定が末端に伝わるのにも時間がかかってしまう。これでは,スピード化の進んだ現代のビジネスの現状についていけない。そこで思い切って,中間管理職を取り除いて,直接,社員と上層部を結びつけようというのだ。ある会社では,部長が直接,一人一人の社員に指示を出す。平社員が自ら社長に企画の説明をするというケースもある。一人の上司が管理する部下の数が増えて,細かいチェックが行き届かなくなるのではという不安もあるが,このような組織改革によって,社内の意思決定は数段早くなり,すばやく現状に対応できるというわけである。

1．平社員の立てた企画がとおりにくくなる。
2．上司は部下の仕事をきちんと管理しやすくなる。
3．企画をそれぞれの課で十分検討してから上層部にあげるようになる。
4．一人一人の社員の意見が上に伝わりやすくなる。

問15

次の文章の（　A　）に入るものとして，最も適当なものはどれですか。

　自然環境を守ろう，ゴミを減らそうという運動は今では日本全国どこででも見られるようになってきた。スーパーの入り口付近には牛乳の*紙パックやペットボトルの回収箱が置かれ，再利用，再製品化されている。学校や地域でも衣類や紙類などさまざまなものの*リサイクルをさかんに呼びかけている。
　しかし，中にはリサイクルに熱心になりすぎて，より多く集めることが目標であるかのように考えてしまう場合もあるようだ。ある学校では牛乳の紙パック回収の目標枚数を設定し，その枚数に達するように牛乳を大量に買って結局飲みきれずに中身を捨てたという笑い話のような出来事があったそうだ。
　リサイクルはもちろん大切なことだが，環境を守るためにもっと考えなければならないのは，（　A　）ということだと思う。そうすればリサイクルもやがて必要最小限になっていくのではないだろうか。

　　　　*紙パック　　：紙の容器
　　　　 リサイクル　：一度使われたものを捨てずに回収し，資源として再利用する
　　　　　　　　　　　こと

1．リサイクルの目標をできるだけ高くする
2．必要なものだけ買うようにする
3．リサイクルできるものの種類を増やす
4．紙パックではなくビン入りの牛乳を買う

問16

次の文章で筆者が述べていることと一致するものはどれですか。

　人間は好奇心の旺盛（おうせい）な動物です。とても知りたがり屋です。ですから，「わかる」ということは，私たちに大きな喜びをもたらしてくれます。けれども，私は，「わからない」喜びということをよく考えます。それは，考える喜びにつながると思います。「わからない」喜びを知るということは，科学の本質に一歩近づくことであると思っています。
　科学では，たくさんのわからないことが混沌（こんとん）としています。そこに小さなスポットを当てて，見えた断片をつなぎ合わせていきます。その断片と断片の間はイマジネーションでつなぐのです。誰（だれ）も思いつかない断片どうしをつないでうまくいったときには大発見になります。大発見というほどでなくても，うまく断片をつなげたときの喜びは，言葉では表現できないほどすばらしいものです。

（柳澤桂子『脳が考える脳』講談社による）

1．「わからない」喜びを感じることができるのは，科学的大発見をしたときである。
2．何がわからないのかを断片的に発見していくことが科学の本質である。
3．わからないこと同士をうまくつなぎ合わせることに科学の喜びはある。
4．科学の世界は混沌（こんとん）としているので，わかる喜びを見出せない。

問17

リリーさんは北山さんから次のような手紙をもらいました。
リリーさんは誰にお金を払いますか。

> リリーさん
>
> 　お元気ですか。
> 　先日は遠いところからわざわざ来てくれてありがとう。久しぶりに会えて，うれしかったです。会うたびに日本語が上手になっているので驚いています。
> 　ところで，リリーさんから送ってほしいと頼まれたくだものは，今月末までには送れると思います。昨年は川口さんの所のを送ってもらいましたが，今年は木下さんの畑の方が出来がよさそうなので，木下さんからリリーさんに直接送ってくれるように頼んでおきました。
> 　くだものが5千円で，送料はちょっとまだ分かりませんが，分かったらまた連絡します。私が立て替えておきますから，あとで郵便局から現金書留で送ってくれればいいです。
> 　ではまた。
>
> 　　　　　　　　　　　　　　　北山　和男

1．北山さん
2．木下さん
3．川口さん
4．配達員

問18

次の文章で筆者が述べていることと合っているものはどれですか。

　作家にとって，言葉は表現という作業の唯一の道具なのだから，この道具が信じられなければ，もう一字も書けない。すなわちメシの食い上げということになる。これは困る。たいへん困る。
　言葉が信じられない。どうしてこんなことになったのか。
　私はいまうっかりして「作家にとって，言葉は表現という作業の唯一の道具である」と書いた。が果して言葉は道具だろうか。道具ならば実体を持たなければなるまい。農民の使う鍬のように，漁師の使う網のように，大工の使う鉋のように。
　言葉は実体を持たない。われわれは言葉を手でつかむことはできない。手でつかんで，その質量を確かめることはできない。言葉はある事物を指示する抽象的で観念的な媒体にすぎない。言葉は作用であり，機能であって，物としての実体を持たない。だから，いま私が"言葉"というものに対して"道具"という言葉を使ったのは，正しい意味ではまちがいである。これを逆にいえば，言葉というものがいかに不安定で曖昧なものであるか，ということの何よりの証明になるだろう。

　　　　　　　（八木義徳「言葉と道具」『この素晴しい国語』福武書店による）

1．筆者は，社会生活における唯一の表現の道具は言葉であると言っている。
2．筆者は，言葉は実体がないので正しい意味では道具といえないと言っている。
3．筆者は，言葉は農民の使う鍬のようなものと同じであると言っている。
4．筆者は，抽象的で観念的なものが道具の特徴である言っている。

問19

次の文章の（　Ａ　）に入るものとして，最も適当なものはどれですか。

　よく人は，人間の声が発生と同時に消えてしまい跡形（あとかた）もなくなることを，音声言語の欠点と考えがちである。事実，文字の発明とは，この欠点を克服したいという人類の願いが生んだ解決策の一つなのである。
　しかしもし発声された言語がそのままいつまでも，そこに残っていたら，どうなるだろうか。（　Ａ　）。少し長い話をする場合は，どんどん移動しないと，前の記号と後の記号がごちゃごちゃと混じってしまい，わけが分からなくなるはずだ。匂（にお）いを使う場合，まさにこれが起こる。
　人間がひと所に留まったまま，長い間話し続けることが出来るという，当たり前のことは，人間の言語がすぐたちどころに消滅する音声を記号として使っているからなのである。
　　　　　　　　　　　　（鈴木孝夫『教養としての言語学』岩波書店による）

1．私たちは文字を使う必要がまったくなくなる
2．人間は同じ所で長い間話し続けることができる
3．私たちは一言何かを言うたびに場所を変えなければならなくなる
4．私たちは音声言語の欠点を克服することができる

問20

次の文章の内容と合っているものはどれですか。

　何を学ぶべきかは，時代の変化とともに変わる。現代のように変化が激しい社会では，つねに新しい知識を吸収する必要がある。「それなら，大学などゆかずに現場で学べばよいではないか」との意見があるかもしれない。
　しかし，私はそうは考えない。フローとしての個別情報はいつでも学べるけれども，それを評価するストックとしての知識の体系は，一つの学問体系を系統的に学ぶことによってしか身につかないからである。
　経済問題についていえば，経済学の基礎的な考え方がこれに該当する。日本で「エコノミスト」として知られている人のなかには，基礎的な経済学の訓練を受けていない人がかなり多い。彼らは，細かい個々の事実については驚くほどよく知っているにもかかわらず，理論をもっていない。したがって，それらの事実をどう評価するかを知らず，基本的なことがらについて判断を誤る。

（野口悠紀雄『「超」勉強法』講談社による）

1．フローとしての個別情報は，大学で学ぶのがよい。
2．現場では，ストックとしての知識の体系を学ぶのは難しい。
3．フローとしての個別情報は，学問体系を評価するためのものである。
4．ストックとしての知識の体系は，個別情報の蓄積によって得られる。

問題用紙

平成14年度（2002年度）日本留学試験

理　科

（80分）

【物理・化学・生物】
（3科目の中から，2科目を選んで解答してください。）

I　注意事項

1. 試験開始の合図があるまで，この問題用紙の中を見てはいけません。

2.
科目	ページ
物理	1 ～ 9
化学	11 ～ 19
生物	21 ～ 30

3. 解答は，解答用紙に鉛筆（HB）で記入してください。
4. 問題用紙の余白は，メモに使ってもかまいません。
5. 試験が終わっても，この問題用紙を持ち帰ることはできません。
6. 受験番号と名前を下の欄に，受験票と同じように記入してください。

II　解答上の注意

1. 各問題には，その解答を記入する行番号 $\boxed{1}$, $\boxed{2}$, $\boxed{3}$, … がついています。解答は問題の文の指示にしたがって，解答用紙（マークシート）の対応する解答欄にマークしてください。

2. 解答用紙に書いてある注意事項も必ず読んでください。

物 理

「解答科目」記入方法

解答科目には「物理」,「化学」,「生物」があります。「物理」を選択する場合は，右のように，解答用紙の左上にある「解答科目」の「物理」を○で囲み，その下のマーク欄をぬりつぶしてください。選択した科目が正しくぬりつぶされていないと，採点されません。

I 次の問い（問1〜5）に答えなさい。

問1 水平で真っ直ぐな線路上を，電車が等加速度で走っている。この電車の中に糸で吊り下げられている小物体を電車の中で見ると，重力（gravitational force）$\vec{f}$，糸の張力（tension）$\vec{T}$，慣性力（inertial force）$\vec{F}$ が働いて静止している。

次の(a)〜(d)の文で**正しいものの組合わせ**を，下の①〜⑥のうちから一つ選びなさい。 **1**

(a) $\vec{T}$ の鉛直成分の大きさと $\vec{f}$ の大きさは等しい。
(b) $\vec{T}$ の鉛直成分の大きさと $\vec{F}$ の大きさは等しい。
(c) $\vec{T}$ の水平成分の大きさと $\vec{f}$ の大きさは等しい。
(d) $\vec{T}$ の水平成分の大きさと $\vec{F}$ の大きさは等しい。

① a，b ② a，c ③ a，d
④ b，c ⑤ b，d ⑥ c，d

問2 全質量 M のロケットが速さ V で飛んでいる。このロケットから，質量 m の燃料を，ロケットに対して相対的な速さ v で，進行方向とは逆に放出する。ロケットの速さはどうなるか。

次の①〜④のうちから正しいものを一つ選びなさい。 **2**

① $V+\dfrac{m}{M+m}v$ ② $V-\dfrac{m}{M+m}v$ ③ $V+\dfrac{m}{M-m}v$ ④ $V-\dfrac{m}{M-m}v$

問3 次の(a)～(d)の文で**正しいものの組合わせ**を，下の①～⑥のうちから一つ選びなさい。

3

(a) 理想気体（ideal gas）が行う定積変化において，理想気体は外部に仕事（work）をするか，あるいは，外部から仕事をされる。

(b) 理想気体が行う定積変化において，理想気体は外部に仕事をせず，また，外部から仕事をされない。

(c) 理想気体が行う等温変化において，理想気体の内部エネルギー（internal energy）は増加，または，減少する。

(d) 理想気体が行う等温変化において，理想気体の内部エネルギーは変化しない。

① a, b ② a, c ③ a, d
④ b, c ⑤ b, d ⑥ c, d

問4 起電力6Vの電源に抵抗15Ωをつないで，3Cの電気量が流れる間の発熱量（単位J）はいくらか。

最も適当なものを，次の①～⑥のうちから一つ選びなさい。

4 J

① 0.4 ② 2.4 ③ 7.5 ④ 9 ⑤ 18 ⑥ 54

問5 ブラウン管の蛍光面では電子ビームの当たる位置に輝点が生じる。このとき，輝点の発する光のエネルギーは，電子のもつどのようなエネルギーが変化したものであるか。次の①～⑥のうちから正しいものを一つ選びなさい。

5

① 電気エネルギー ② 運動エネルギー ③ 位置エネルギー
④ 化学エネルギー ⑤ 光エネルギー ⑥ 核エネルギー

II 次の文章（A，B）を読み，下の問い（**問1〜5**）に答えなさい。

A 水平な台の上に質量Mの物体がある。物体の端にバネ定数kのバネをつけて水平に引いた。ただし，物体と台の間の静止摩擦係数をμ，動摩擦係数をμ'とする。また，重力加速度の大きさ（acceleration due to gravity）をgとする。

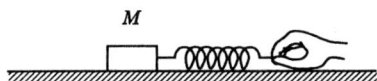

問1 静かにバネを引いていくと，バネの伸びがℓのとき，物体が動き始めた。静止摩擦係数μはいくらか。

次の①〜④のうちから正しいものを一つ選びなさい。　6

① $M-k$　② $\dfrac{k\ell}{Mg}$　③ $\sqrt{\dfrac{Mg}{k\ell}}$　④ $\sqrt{Mg-k\ell}$

問2 動き始めた直後の物体の加速度の大きさはいくらか。

次の①〜④のうちから正しいものを一つ選びなさい。　7

① $k\ell - \mu Mg$　② $k\ell + \mu Mg$　③ $\dfrac{k\ell - \mu' Mg}{M}$　④ $\dfrac{k\ell + \mu' Mg}{M}$

B 図のように定滑車に糸をつけ，その両端にそれぞれ質量 M, m $(M>m)$ のおもりをつける。滑車は滑らかに回転できるものとし，また糸は伸び縮みしない軽いものとする。糸の張力を T とし，重力加速度の大きさを g とする。

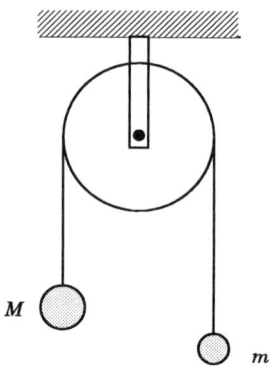

問3 質量 M のおもりにかかる力は，鉛直下方を正にとるとどのように表されるか。
次の①〜⑤のうちから正しいものを一つ選びなさい。　8

① $T+Mg$　　② $T-Mg$　　③ $Mg-T$
④ $(M-m)g$　　⑤ $(M-m)g-T$

問4 おもりを静かに放し，質量 M のおもりが長さ ℓ だけ下降したときの速さ v はいくらか。
次の①〜⑤のうちから正しいものを一つ選びなさい。　9

① $\sqrt{2g\ell}$　　② $\sqrt{2(M-m)g\ell}$　　③ $\sqrt{\dfrac{2mg\ell}{M+m}}$
④ $\sqrt{\dfrac{2Mg\ell}{M+m}}$　　⑤ $\sqrt{\dfrac{2(M-m)g\ell}{M+m}}$

問5 張力 T はいくらか。
次の①〜④のうちから正しいものを一つ選びなさい。　10

① $\dfrac{Mm}{M-m}g$　　② $\dfrac{2Mm}{M-m}g$　　③ $\dfrac{2Mm}{M+m}g$　　④ $\dfrac{Mm}{M+m}g$

III 次の問い（問1～3）に答えなさい。

問1 波は，空間と時間によって変化する。空間と時間に関して振動しながら伝わる波が，位置 x，時刻 t の関数として，正弦波 $y_1 = a\sin\left(\dfrac{2\pi}{T}t - \dfrac{2\pi}{\lambda}x\right)$ で表されているとしよう。ここで，a は波の振幅，λ は波長，T は周期である。この波は速さ $v = \dfrac{\lambda}{T}$ で x の正方向に進行している。一方，同じ速さで負方向に進行する波は，$y_2 = a\sin\left(\dfrac{2\pi}{T}t + \dfrac{2\pi}{\lambda}x\right)$ と表される。これら2つの波が重ね合わされると，どういう現象が起きるだろうか。
次の①～④のうちから正しいものを一つ選びなさい。 $\boxed{11}$

① y_1 の波の方が強いので，波は正方向に進行する。
② x 軸上には振幅 $2a$ の定常波ができるが，腹の部分の変位は時間とともに変動する。
③ x 軸上には振幅 $2a$ の定常波ができるので，波の時間変化は生じない。
④ y_2 の波の方が強いので，波は負方向に進行する。

問2 音源が v_s，観測者が v_o という速さで，一直線上を動くときのドップラー効果を考える。ただし，v_s と v_o の符号は音源から観測者に向かう場合を正とする。音の速さは V で，音源は振動数 f_s の音波を発生し，観測者は振動数 f_o の音を観測したとする。音源の立場から見たときと，観測者の立場から見たときに，変化を受けないものは何かを考えると，正しい関係式はどうなるか。
次の①～④のうちから正しいものを一つ選びなさい。 $\boxed{12}$

① $\dfrac{V - v_s}{f_s} = \dfrac{V - v_o}{f_o}$

② $\dfrac{V - v_s}{f_o} = \dfrac{V - v_o}{f_s}$

③ $f_s f_o (V - v_s) = (V - v_o)$

④ $V - v_s = f_s f_o (V - v_o)$

問3 ある媒質から入射してきた光が，次の図に示したような角度で屈折して空気中に進んだ。この媒質の空気に対する屈折率はいくらか。

最も適当なものを，次の①〜⑤のうちから一つ選びなさい。 13

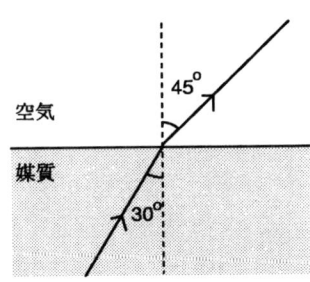

① 0.50   ② 0.71   ③ 1.4   ④ 1.7   ⑤ 2.0

IV 次の図のように，極板の間隔 d_0，電極の面積 S の平行板コンデンサー（capacitor）がある。このコンデンサーの両極板にそれぞれ電荷 Q（>0）および $-Q$ が蓄えられているとする。真空中の誘電率を ε_0 として，下の問い（**問1～6**）に答えなさい。

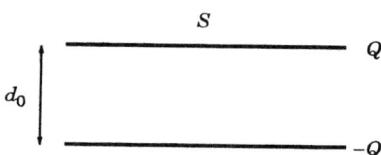

問1 極板間が真空であるとき，電気容量 C はいくらか。
次の①～④のうちから正しいものを一つ選びなさい。　　　$C =$ **14**

① $\dfrac{\varepsilon_0 d_0}{S}$　② $\dfrac{\varepsilon_0}{d_0 S}$　③ $\dfrac{\varepsilon_0 S}{d_0}$　④ $\varepsilon_0 d_0 S$

問2 電極間の電位差 V_0 はいくらか。
次の①～⑤のうちから正しいものを一つ選びなさい。　　　$V_0 =$ **15**

① $\dfrac{d_0 Q}{\varepsilon_0 S}$　② $\dfrac{\varepsilon_0 S}{d_0 Q}$　③ $\dfrac{d_0 S}{\varepsilon_0 Q}$　④ $\dfrac{d_0 QS}{\varepsilon_0}$　⑤ $\dfrac{QS}{\varepsilon_0 d_0}$

問3 極板間が真空であるとき，電極間の電場 E_0 を求めよ。
次の①～⑦のうちから正しいものを一つ選びなさい。　　　$E_0 =$ **16**

① $\dfrac{Q}{S}$　② $\dfrac{Q}{2S}$　③ $\dfrac{Q}{\varepsilon_0 S}$　④ $\dfrac{Q}{2\varepsilon_0 S}$　⑤ $\dfrac{\varepsilon_0 Q}{S}$　⑥ $\dfrac{\varepsilon_0 Q}{2S}$　⑦ 0

問4 全電荷Qを一定に保ち，コンデンサーの電極間に，電荷をもたない厚さ$d(<d_0)$の平面板導体を平行に挿入する（図参照）。この導体中の電場はいくらか。
下の①～⑦のうちから正しいものを一つ選びなさい。

① $\dfrac{Q}{S}$　② $\dfrac{Q}{2S}$　③ $\dfrac{Q}{\varepsilon_0 S}$　④ $\dfrac{Q}{2\varepsilon_0 S}$　⑤ $\dfrac{\varepsilon_0 Q}{S}$　⑥ $\dfrac{\varepsilon_0 Q}{2S}$　⑦ 0

問5 問4の平面板導体が挿入された状態での，コンデンサーの電気容量はいくらか。
次の①～⑧のうちから正しいものを一つ選びなさい。 18

① $\dfrac{\varepsilon_0 S}{d_0}$　② $\dfrac{Q}{\varepsilon_0 d_0}$　③ $\dfrac{\varepsilon_0 Q}{d_0}$　④ $\dfrac{\varepsilon_0 S^2}{d_0 Q}$

⑤ $\dfrac{\varepsilon_0 S}{d_0-d}$　⑥ $\dfrac{Q}{\varepsilon_0(d_0-d)}$　⑦ $\dfrac{\varepsilon_0 Q}{d_0-d}$　⑧ $\dfrac{\varepsilon_0 S^2}{(d_0-d)Q}$

問6 導体が挿入されたコンデンサーの性質について，**適当でないもの**を，次の①～④のうちから一つ選びなさい。 19

① 二つのコンデンサーを直列につないだものに等しい。
② 電気容量は増加する。
③ 全電荷Qは変わらない。
④ 静電エネルギーは増加する。

V 次の問い（問1〜3）に答えなさい。

問1 電子1個の質量は 9.1×10^{-31} kg である。陽子 6.0×10^{26} 個の質量は1 kg である。陽子の質量は電子の質量の何倍か。

最も適当なものを，次の①〜⑥のうちから一つ選びなさい。 **20**

① 18 ② 54 ③ 180 ④ 540 ⑤ 1800 ⑥ 5400

問2 静止状態から電位差 V で加速された陽子の速さを v_1，同様に加速された α 粒子の速さを v_2 とする。$\left(\dfrac{v_1}{v_2}\right)^2$ の値はいくらか。

最も適当なものを，次の①〜⑤のうちから一つ選びなさい。 **21**

① $\dfrac{1}{4}$ ② $\dfrac{1}{2}$ ③ 1 ④ 2 ⑤ 4

問3 光量子仮説によれば，

「光は"粒子のようなもの"で，その個数を一つ二つと数えることができる」

といえる。この"粒子のようなもの"のエネルギーは，どう表されるか。ただし，プランク定数 h，光の波長 λ，光の振動数 ν とする。

次の①〜⑥のうちから正しいものを一つ選びなさい。 **22**

① $h\lambda\nu$ ② $h\lambda$ ③ $h\nu$ ④ $\dfrac{h}{\lambda}$ ⑤ $\dfrac{h}{\nu}$ ⑥ $\dfrac{h}{\lambda\nu}$

物理の問題はこれで終わりです。解答欄の **23** 〜 **60** は空欄のままにしてください。

化 学

> 「解答科目」記入方法
>
> 解答科目には「物理」,「化学」,「生物」があります。「化学」を選択する場合は,右のように,解答用紙の左上にある「解答科目」の「化学」を○で囲み,その下のマーク欄をぬりつぶしてください。選択した科目が正しくぬりつぶされていないと,採点されません。
>
> <解答用紙記入例>
> 解答科目 Subject
> | 物理 Physics | 化学 Chemistry | 生物 Biology |
> |:---:|:---:|:---:|
> | ○ | ● | ○ |

計算には次の数値を用いなさい。

気体定数 (gas constant): $R = 0.082$ atm・ℓ/(K・mol)

ファラデー定数 (Faraday constant): $F = 9.65 \times 10^4$ C/mol

原子量 (atomic weight)　H : 1.0　C : 12　N : 14　O : 16　S : 32　Cl : 35.5　Ag : 108

問 1　次の A～C は,下の分子 (molecule) (a)～(c) の特徴 (characteristics) を表している。A～C と (a)～(c) の組み合わせとして正しいものを,表の ①～⑥ のうちから一つ選びなさい。　**1**

A. 非共有電子対 (unshared electron pair) を 1 つ持っている。

B. 非共有電子対を 2 つ持っている。

C. 極性 (polarity) を持っていない。

(a) CO_2
(b) H_2O
(c) NH_3

【解答の組み合わせ】

	A	B	C
①	a	b	c
②	a	c	b
③	b	a	c
④	b	c	a
⑤	c	a	b
⑥	c	b	a

問2 次のA～Eは，気体を発生させる方法について述べた文章である。それぞれの場合に発生する気体について，下の(1)，(2)に答えなさい。

A．炭酸カルシウム（calcium carbonate）に，塩酸（hydrochloric acid）を加える。
B．酸化マンガン(IV)（manganese(IV) oxide）に，濃塩酸を加えて加熱する。
C．塩化アンモニウム（ammonium chloride）に，水酸化カルシウム（calcium hydroxide）を加え，加熱する。
D．エタノール（ethanol）に，少量の金属ナトリウム（metallic sodium）を加える。
E．硫化鉄(II)（iron(II) sulfide）に，塩酸を加える。

(1) 分子量（molecular weight）が最も大きな気体は，どの反応で得られるか。次の①～⑤のうちから一つ選びなさい。 $\boxed{2}$

　　① A　　② B　　③ C　　④ D　　⑤ E

(2) 水に溶けてアルカリ性（alkaline）を示す気体は，どの反応で得られるか。次の①～⑤のうちから一つ選びなさい。 $\boxed{3}$

　　① A　　② B　　③ C　　④ D　　⑤ E

問3　酸化・還元（oxidation−reduction）反応に関して，次の(1)及び(2)に答えなさい。

(1) 硫酸酸性（acidic with sulfuric acid）水溶液中の過マンガン酸イオン（MnO_4^-）に，次の①〜⑤の物質をそれぞれ加えた。このときに，過マンガン酸イオンの赤紫色が<u>消えない</u>ものを，一つ選びなさい。　**4**

① $H_2C_2O_4$　② $FeSO_4$　③ H_2O_2　④ Na_2SO_4　⑤ H_2S

(2) 過マンガン酸イオンの赤紫色が消える反応では，マンガン原子（manganese atom）の酸化数（oxidation number）が+7から　　に変化している。　　にあてはまる数を次の①〜⑥から選びなさい。　**5**

① −3　② −2　③ 0　④ +2　⑤ +6　⑥ +8

問4　ある二種類の金属イオンを含む水溶液に，アンモニア水（aqueous ammonia）を少量加えると，二種類の沈殿（precipitate）が得られた。アンモニア水を，さらに多く加えていくと，沈殿はどちらも溶解（dissolve）した。この水溶液に含まれている金属イオンの組み合わせとして適当なものを，次の①〜⑥のうちから一つ選びなさい。　**6**

① Cu^{2+}, Al^{3+}　　② Cu^{2+}, Fe^{3+}　　③ Al^{3+}, Zn^{2+}
④ Al^{3+}, Fe^{3+}　　⑤ Zn^{2+}, Fe^{3+}　　⑥ Cu^{2+}, Zn^{2+}

問5　次の①〜⑥の反応のうちから，置換反応（substitution reaction）を一つ選びなさい。　**7**

① ニトロベンゼン（nitrobenzene）　　⟶　アニリン（aniline）
② トルエン（toluene）　　　　　　　⟶　安息香酸（benzoic acid）
③ タンパク質（protein）　　　　　　⟶　アミノ酸（amino acid）
④ エタノール（ethanol）　　　　　　⟶　アセトアルデヒド（acetaldehyde）
⑤ ベンゼン（benzene）　　　　　　　⟶　ブロモベンゼン（bromobenzene）
⑥ 塩化ビニル（vinyl chloride）　　⟶　ポリ塩化ビニル（poly (vinyl chloride)）

問6　この問題については不備があったので削除し，採点対象外とした。

問7　気体の燃焼について，次の(1)及び(2)の問に答えなさい。なお，メタンガス（methane gas）と水素ガスの燃焼熱（heat of combustion）は，それぞれ 891 kJ/mol，286 kJ/mol である。

(1) 温度，圧力，体積が同じであるメタンガスと水素ガスを，それぞれ完全燃焼（complete combustion）させる。このときメタンから発生する熱量は，水素の場合の何倍になるか。最も適当な数値を，次の①〜⑥のうちから一つ選びなさい。　10

① 0.15　② 0.30　③ 1.3　④ 1.6　⑤ 3.1　⑥ 6.2

(2) 0°C，1 atm で合計 112 ℓ となるメタンと水素の混合気体（gas mixture）がある。この気体を完全燃焼させたところ，発熱量（amount of heat released）は 3850 kJ であった。燃焼前の混合気体中に，メタンは体積で何％含まれていたか。次の①〜⑧のうち，最も近いものを一つ選びなさい。　11

① 4.0 %　② 10 %　③ 20 %　④ 40 %　⑤ 50 %　⑥ 60 %　⑦ 80 %　⑧ 90 %

問8 次の①〜⑥の有機化合物について，下の(1)及び(2)に答えなさい。

① アニリン（aniline）
② 安息香酸（benzoic acid）
③ スチレン（styrene）
④ トルエン（toluene）
⑤ ニトロベンゼン（nitrobenzene）
⑥ フェノール（phenol）

(1) 次の(a)と(b)の両方に当てはまる化合物を，上の①〜⑥のうちから一つ選びなさい。 12

(a) 窒素原子を含む。
(b) ベンゼンに濃硝酸と濃硫酸の混合物（mixture of concentrated nitric acid and sulfuric acid）を反応させて得られる。

(2) 次の(c)と(d)の両方に当てはまる化合物を，上の①〜⑥のうちから一つ選びなさい。 13

(c) 官能基（functional group）に二重結合（double bond）を持つ。
(d) 付加重合（addition polymerization）する。

問9 次の①〜⑥の文章のうち，下線部（underlined）が**誤っている**ものを一つ選びなさい。

14

① デンプン（starch）を<u>加水分解（hydrolysis）</u>すると，単糖類（monosaccharide）が生じる。

② 油脂（fats and oils）を<u>酸化（oxidation）</u>すると，グリセリン（glycerol）と高級脂肪酸（higher fatty acid）になる。

③ アミノ酸（amino acid）は，アミノ基と<u>カルボキシル基（carboxyl group）</u>の両方を持つ。

④ 生ゴム（raw rubber）は，<u>ポリイソプレン（polyisoprene）</u>構造をもつ高分子化合物（high-molecular compound）である。

⑤ 6,6-ナイロン（6,6-nylon）は，<u>アミド結合（amide linkage）</u>によってつながった高分子化合物である。

⑥ ポリエチレンテレフタラート（PET, poly(ethylene terephthalate)）は，<u>エステル結合（ester linkage）</u>によってつながった高分子化合物である。

問10 図は，(a) 水，(b) メタノール（methanol），(c) ジエチルエーテル（diethyl ether）の蒸気圧曲線（vapor pressure curve）を示している。これについて，以下の(1)〜(3)に答えなさい。

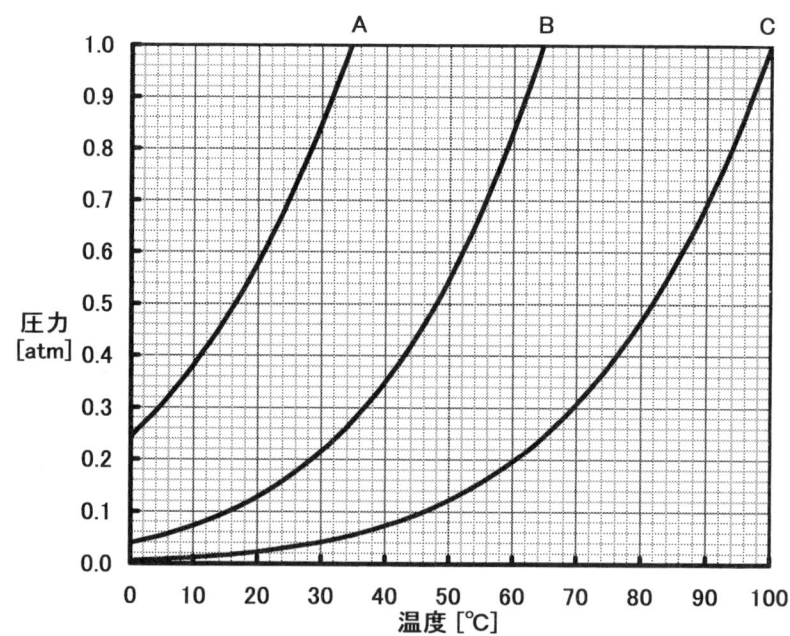

(1) 曲線 A，B，C は，それぞれどの物質の蒸気圧を表しているか。正しい組み合わせを，次の①〜⑥のうちから一つ選びなさい。　15

	A	B	C
①	a	b	c
②	a	c	b
③	b	a	c
④	b	c	a
⑤	c	a	b
⑥	c	b	a

(2) 富士山頂（Mt. Fuji top）の大気圧（atmospheric pressure）は 0.62 atm である。この場所におけるメタノールの沸点（boiling point）は何℃か。最も適当なものを，次の①〜⑥のうちから一つ選びなさい。　16

① 22℃　② 34℃　③ 53℃　④ 64℃　⑤ 87℃　⑥ 100℃

(3) 一気圧での蒸気(c)の沸点において，5.6 ℓ の体積を占める(c)の質量はどれだけか。次の①〜⑧のうちから，最も近いものを選びなさい。　17

① 0.22 g　② 0.68 g　③ 1.1 g　④ 2.0 g
⑤ 14 g　⑥ 16 g　⑦ 19 g　⑧ 51 g

問11　アンモニア合成（ammonia synthesis）の反応は，一般に高温・高圧（high temperature and pressure）で，触媒（catalyst）を用いて行われる。この反応は次の熱化学方程式（thermochemical equation）で表される。

$$N_2 + 3H_2 = 2NH_3 + 92.0\,kJ$$

下の①〜⑤の文章のうちから，正しいものを一つ選びなさい。

① 発熱反応（exothermic reaction）だから，高温にしたほうがアンモニアの生成量が増える。

② 圧力を高くすると，平衡（equilibrium）が右に移動するため，アンモニアの生成量（amount of product）が増える。

③ 触媒を用いると，平衡が右に移動するため，アンモニアの生成量が増える。

④ 触媒は，アンモニアの分解反応の速度（rate of decomposition）を下げるはたらきをしている。

⑤ この反応の活性化エネルギー（activation energy）は，触媒の量によって変化する。

問12 下の図のような装置を使って,電気分解 (electrolysis) をおこなった。これについて,下の(1)及び(2)に答えなさい。

電解槽 (electrolytic cell) 1 には希硫酸 (dilute sulfuric acid),電解槽2には硝酸銀 (silver nitrate) 水溶液を入れて,白金の電極 (platinum electrode) A〜Dを直流電源 (direct current battery) につないだ。しばらく電流を流したところ,電極Cの質量が 4.32 g 増えた。

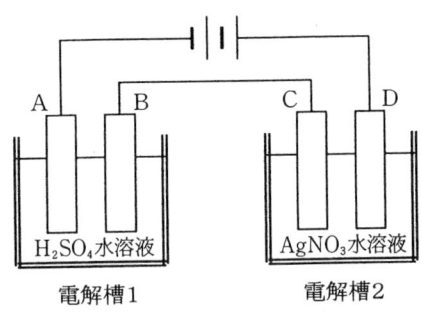

(1) 流れた電気量 (electricity charge (in coulomb)) として最も適当なものを,次の①〜⑦のうちから一つ選びなさい。 19

① 2.06×10^2 C ② 3.86×10^2 C ③ 1.93×10^3 C ④ 3.86×10^3 C
⑤ 6.72×10^3 C ⑥ 7.72×10^3 C ⑦ 2.23×10^4 C

(2) 電極Aで発生した気体の0℃,1 atmにおける体積として最も適当なものを,次の①〜⑥のうちから一つ選びなさい。ただし,発生した気体は水に溶けないものとする。 20

① 0.224 ℓ ② 0.448 ℓ ③ 0.896 ℓ ④ 2.24 ℓ ⑤ 4.48 ℓ ⑥ 8.96 ℓ

化学の問題はこれで終わりです。解答欄の 21 〜 60 は空欄のままにしてください。

生 物

「解答科目」記入方法

解答科目には「物理」,「化学」,「生物」があります。「生物」を選択する場合は,右のように,解答用紙の左上にある「解答科目」の「生物」を○で囲み,その下のマーク欄をぬりつぶしてください。選択した科目が正しくぬりつぶされていないと,採点されません。

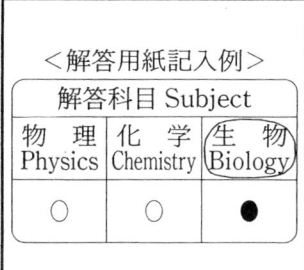

問1 次の細胞小器官 (cell organelle) の組み合わせのうち,二重膜でつつまれたものだけを含むものを,次の①〜⑤のうちから一つ選びなさい。　1

① 核 (nucleus)・ミトコンドリア (mitochondrion)・ゴルジ体 (Golgi body)
② ミトコンドリア・中心体 (central body)・液胞 (vacuole)
③ 葉緑体 (chloroplast)・ゴルジ体・液胞
④ 葉緑体・ミトコンドリア・核
⑤ 葉緑体・核・ゴルジ体

問2　次のグラフは，植物のある細胞を1 mol/l のショ糖（sucrose）水溶液に浸し，時間の経過による細胞の相対体積の変化を調べたものである。このグラフに関して，下の(1)，(2)の問いに答えなさい。

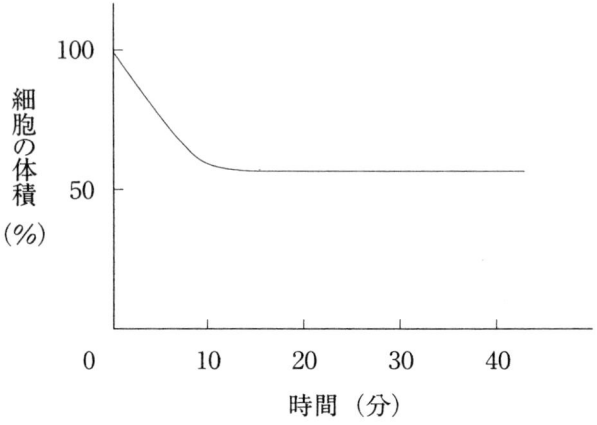

(1) ショ糖水溶液に浸す前の細胞の浸透圧（osmotic pressure）は，1 mol/l のショ糖水溶液と比較してどのような状態か。正しいものを，次の①〜③のうちから一つ選びなさい。　**2**

① 低張（hypotonic）　② 等張（isotonic）　③ 高張（hypertonic）

(2) 実験開始後40分の細胞で，顕微鏡によって観察できるのはどれか。正しいものを，次の①〜④のうちから一つ選びなさい。　**3**

① 溶血（hemolysis）　　　　② 原形質復帰（deplasmolysis）
③ 原形質分離（plasmolysis）　④ プロトプラスト（protoplast）

問3　次の文章の空欄(1)～(3)には，下の［語群］a～iの中の一つが入る。その記号の組み合せを，下の①～⑥のうちから一つ選びなさい。ただし，答は空欄(1)—(2)—(3)の順に並べてある。

　　　4

酵素（enzyme）は，基質（substrate）と鍵と鍵穴の関係で対応し，特定の基質の化学反応を進める。この性質は（　1　）とよばれる。酵素は主成分が（　2　）であるので，高温で処理されると熱で変性（denaturation）し，（　3　）が変化して基質と結合できなくなる。

［語群］
　　a．二重膜構造　　　　　　　　　b．二重らせん（double helix）構造
　　c．立体構造　　　　　　　　　　d．脂質（lipid）
　　e．相補性（complementation）　　f．タンパク質（protein）
　　g．糖質（sugar）　　　　　　　　h．基質特異性（substrate specificity）
　　i．アロステリック（allosteric）

①　e－d－a　　②　h－f－c　　③　e－f－c　　④　h－d－b
⑤　i－f－c　　⑥　i－g－a

問4　好気呼吸（aerobic respiration）では，酸素ガス（O_2）が使われる。呼吸基質（respiratory substrate）にブドウ糖（glucose）を用いた場合，好気呼吸の過程は解糖系（Embden-Meyerhof pathway），クエン酸回路（citric acid cycle），水素伝達系（electron transport system）に分けることができる。

　　この三つの過程のうち，酸素ガスが使われるのはどの過程か。次の①～⑦のうちから一つ選びなさい。

　　　5

①　解糖系だけで使われる。
②　クエン酸回路だけで使われる。
③　水素伝達系だけで使われる。
④　解糖系とクエン酸回路で使われる。
⑤　解糖系と水素伝達系で使われる。
⑥　クエン酸回路と水素伝達系で使われる。
⑦　解糖系，クエン酸回路，水素伝達系のそれぞれで使われる。

問5 次の図は，精子形成（spermatogenesis）について示したものである。各細胞の染色体数（chromosome number）について，正しく示した組み合わせはどれか。下の①～⑤のうちから一つ選びなさい。　　6

一次精母細胞　　　　→　　二次精母細胞　　　　→　精細胞　　→精子
(primary spermatocyte)　(secondary spermatocyte)　(spermatid)　(sperm)

	一次精母細胞	二次精母細胞	精細胞	精子
①	2n	2n	n	n
②	4n	2n	2n	n
③	2n	n	n	n
④	n	n	n	n
⑤	2n	2n	2n	n

問6 次の文a～fは，ウニ（sea urchin）の発生（development）について述べたものである。正しい文の組み合わせを，下の①～⑤のうちから一つ選びなさい。　　7

a．原腸胚（gastrula）期に続いて，神経管（neural tube）が形成される。

b．卵は卵黄（yolk）が多く，片寄って分布している端黄卵（telolecithal egg）である。

c．原腸胚でできた原口（blastopore）が，将来は口（mouth）となる。

d．原腸胚では，外胚葉（ectoderm）と中胚葉（mesoderm）の二つの胚葉（germ layer）ができる。

e．胞胚（blastula）では，胞胚腔（blastocoel）という空所の周囲に一層（stratum）の細胞層が見られる。

f．胞胚期に受精膜（fertilization membrane）を破ってふ化（hatch）し，繊毛（cilium）で水中を泳ぐようになる。

① a c　② a f　③ b e　④ c d　⑤ e f

問7 ある両親には4人の子供がいる。4人の子供の血液型は，A型が2人とB型とO型が1人ずつである。両親の血液型の組み合わせを，次の①〜⑤のうちから一つ選びなさい。 8

① AB型×AB型　　② B型×AB型　　③ A型×AB型
④ A型×B型　　　⑤ O型×AB型

問8 人の染色体（chromosome）の構成は，女の場合 2n＝2A＋XX，男の場合 2n＝2A＋XY と表すことができる。この式を元にして，卵（ovum）と精子（sperm）の染色体構成はどのように表すことができるか。次の①〜⑤のうちから一つ選びなさい。 9

	卵	精子
①	A＋X	A＋X または A＋Y
②	A＋X または A＋Y	A＋X
③	A＋Y	A＋X または A＋Y
④	A＋X または A＋Y	A＋Y
⑤	A＋X または A＋Y	A＋X または A＋Y

A：常染色体（autosome），XとY：性染色体（sex chromosome）

問9 次の図は，核（nucleus）内のDNAに含まれる遺伝情報（genetic information）に基づいて，細胞質（cytoplasm）内でタンパク質（protein）ができるまでの過程を模式的（schematic）に示したものである。この図に関して，下の(1)～(4)の問いに答えなさい。

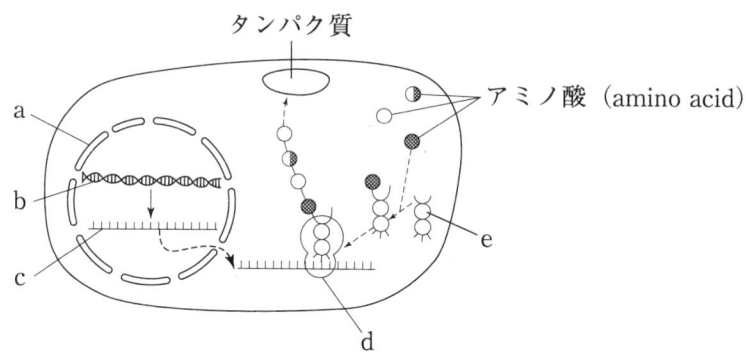

(1) 図中のc～eのなまえを示した組み合わせとして正しいものを，次の①～⑤のうちから一つ選びなさい。　10

	c	d	e
①	伝令RNA(messenger RNA)	リボソーム（ribosome）	運搬RNA(transfer RNA)
②	運搬RNA	伝令RNA	リボソーム
③	運搬RNA	リボソーム	伝令RNA
④	DNA	運搬RNA	リボソーム
⑤	伝令RNA	運搬RNA	リボソーム

(2) 図中のeの性質を示しているものを，次の①～⑤のうちから一つ選びなさい。　11

① 遺伝情報を転写（transcription）したもの。
② 遺伝情報をもち，細胞分裂に先立って複製（replication）される。
③ 二重の膜からなる。
④ アミノ酸に結合し，アンチコドン（anticodon）をもつ。
⑤ RNAとタンパク質からできている。

(3) DNA をもとに RNA が合成されることに関する次の文①〜④のうち、正しいものを一つ選びなさい。　12

① DNA の二重鎖の一方だけが使われる。
② DNA の塩基 (base) の種類と RNA の塩基の種類は同一である。
③ DNA の 3 つ組 (triplet) が、RNA の塩基の 1 つと対応している。
④ DNA のアデニン (adenine) には、RNA のチミン (thymine) が対応する。

(4) 図中の c からタンパク質がつくられる過程は何と呼ばれるか。次の①〜④のうちから一つ選びなさい。　13

① 転写　② 複製　③ 翻訳 (translation)　④ 修復 (repair)

問10 次の文a〜cは，中枢神経系（central nervous system）の各部分について述べたものである。各々の名称を正しく示した組み合わせを，下の①〜⑤のうちから一つ選びなさい。 **14**

a．からだの平衡（equilibrium）を保つ反射の中枢があり，運動するときの姿勢を調整する。
b．自律神経（autonomic nerve）の中枢があり，体温や睡眠の中枢がある。
c．灰白質（gray matter）が内側にあり，けん（sinew）の反射や発汗（perspiration）などの反射の中枢になっている。

	a	b	c
①	延髄（medulla oblongata）	小脳（cerebellum）	中脳（mesencephalon）
②	小脳	間脳（interbrain）	脊髄（spinal cord）
③	間脳	延髄	中脳
④	中脳	間脳	脊髄
⑤	脊髄	小脳	延髄

問11 ヒトの血液の有形成分には赤血球（red blood cell），白血球（white blood cell），血小板（blood platelet）がある。各成分の特徴を正しく示した組み合わせを，下の①〜⑤のうちから一つ選びなさい。 **15**

a．血液1mm³中に450〜500万個含まれ，最も数が多い。
b．骨髄（bone marrow）でつくられ，細胞の破片のような形状をしていて，核（nucleus）はない。
c．ヘモグロビン（hemoglobin）という赤い色素を含み，酸素を運搬する。
d．1mm³中には7000個前後あり，細菌などを捕食する（ingest）。
e．骨髄でつくられ，円板状（disk-shaped）で，核はない。
f．血液の凝固（blood coagulation）に関係している。

	赤血球	白血球	血小板
①	a b c	d e	f
②	a c	b f	d e
③	a c e	d	b f
④	b e	a f	c d
⑤	c d e	a b	f

問12 次のa～fの各文は，すい臓（pancreas）と肝臓（liver）のはたらきについて述べたものである。すい臓と肝臓に関する文の組み合わせとして正しいものを，下の①～⑤のうちから一つ選びなさい。 16

a．血液中のブドウ糖（glucose）をグリコーゲン（glycogen）として貯蔵する。
b．血糖量（blood glucose level）を低下させるホルモン（hormone）を出す。
c．タンパク質（protein）を分解した結果生じるアンモニウムイオン（ammonium ion）から尿素（urea）を合成する。
d．デンプン（starch）を麦芽糖（maltose）に分解する酵素（enzyme）を出す。
e．解毒作用（detoxication）を行う。
f．体温を発生する。

	すい臓	肝臓
①	a d e	b c f
②	a e	b c d f
③	a e f	b c d
④	b c d	a e f
⑤	b d	a c e f

問13 花芽形成に関する次の文①～⑤のうちから，<u>誤りのある文</u>を一つ選びなさい。 17

① すべての植物の花芽形成が，光周反応（photoperiodic response）によるとは限らない。
② 短日植物は，1日の昼の長さが夜の長さより短くなると，花芽を形成する。
③ 光周刺激は葉で受けとめられる。
④ 暗期の間に，花芽の形成に必要な花成ホルモン（flowering hormone）がつくられると考えられている。
⑤ 短日処理をした短日植物の枝を，長日条件下で育てている同種の別個体につぎ木する（grafting）と，つぎ木した枝も，つぎ木された植物体も花芽を形成する。

問 14 進化の過程で，陸上植物が地球上に出現したことに関する次の文のうち，最も適切なものを，次の①〜⑤のうちから一つ選びなさい。 $\boxed{18}$

① 陸上植物が増え，光合成（photosynthesis）を行うようになったために大気（atmosphere）中に酸素（O_2）が含まれるようになった。

② 水中生活をする藻類（alga）の中から種子（seed）を作るものが出現し，最初の陸上植物となった。

③ クロロフィル（chlorophyll）の種類の共通性からは，クロロフィルCを持つ褐藻類（phaeophyte）から陸上植物が進化してきたと考えられる。

④ 陸上生活に適応した構造としては，維管束系（vascular bundle system）の発達がある。

⑤ 土壌（soil）の形成がなされ，動物が陸上生活をするようになってから陸上植物が出現した。

生物の問題はこれで終わりです。解答欄の $\boxed{19}$ 〜 $\boxed{60}$ は空欄のままにしてください。

問題用紙

平成14年度（2002年度）日本留学試験

総合科目

（80分）

I 注意事項
1. 試験開始の合図があるまで，この問題用紙の中を見てはいけません。
2. この問題用紙は，16ページあります。
3. 解答は，解答用紙に鉛筆（HB）で記入してください。
4. 問題用紙の余白は，メモに使ってもかまいません。
5. 試験が終わっても，この問題用紙を持ち帰ることはできません。
6. 受験番号と名前を下の欄に，受験票と同じように記入してください。

II 解答上の注意
1. 各問題には，その解答を記入する行番号 $\boxed{1}$, $\boxed{2}$, $\boxed{3}$ ，…がついています。解答は問題の文の指示にしたがって，解答用紙（マークシート）の対応する解答欄にマークしてください。
2. 解答用紙に書いてある注意事項も必ず読んでください。

問1　地球環境問題についての次の文章を読み，下の問い(1)〜(4)に答えなさい。

　近年，₁酸性雨や温暖化，砂漠化など地球規模での環境破壊が進行している。地球環境問題が深刻になってきた背景には，地球規模での経済活動の高まりや₂人口の爆発的な増加などがある。地球環境問題は，1国だけで対応できる問題ではなく，各国が協力して解決の努力をする必要がある。

(1) 下線部1「酸性雨や温暖化」の主な原因物質と考えられているものは何か。その組み合わせとして正しいものを，次の①〜④の中から1つ選びなさい。　　1

	酸性雨	温暖化
①	窒素酸化物	二酸化炭素
②	硫黄酸化物	二酸化炭素
③	二酸化炭素	窒素酸化物
④	二酸化炭素	硫黄酸化物

注）窒素酸化物(NO_x)，二酸化炭素(CO_2)，硫黄酸化物(SO_x)

(2) 下線部2「人口の爆発的な増加」についての説明として正しいものを，次の①〜④の中から1つ選びなさい。　　2

① 人口増加は先進国よりも発展途上国で明らかであり，その背景に経済的貧困がある。
② 人口増加は発展途上国よりも先進国で明らかであり，その背景に所得の増加がある。
③ 人口増加は先進国よりも発展途上国で明らかであり，その背景に移民の流入がある。
④ 人口増加は経済的な問題ではなく，その背景に宗教上の要因がある。

(3) オランダ（Netherlands）は，国家の安全保障問題の一環として，温暖化の問題に積極的に取り組んでいる。その理由として正しいものを，次の①〜④の中から1つ選びなさい。　　3

① 皮膚癌（skin cancer）の患者が増加するため。
② 農業に悪影響を与えるため。
③ 国土が水没する恐れがあるため。
④ 森林が破壊されるため。

(4) 1992年の国連環境開発会議（United Nations Conference on Environment and Development，地球サミット）において，ある宣言が採択された。その内容として正しいものを，次の①〜④の中から1つ選びなさい。　4

① 地球環境の一層の破壊を防ぐために，各国が人口抑制に取り組むべきである。
② 残された自然環境を保全するために，発展途上国の開発は抑制すべきである。
③ すべての国が経済発展を持続できるように，環境保全の基準を緩和すべきである。
④ 将来の世代も地球の自然環境の恩恵を享受できるように，経済発展を図るべきである。

問2　次のグラフは，日本における就業人口の産業別割合の変化を示したものである。これを見て，下の問い(1)〜(3)に答えなさい。

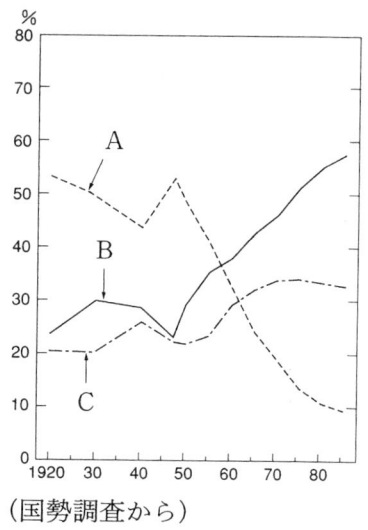

（国勢調査から）

(1) グラフA〜Cに当てはまる産業の組み合わせとして正しいものを，次の①〜④の中から1つ選びなさい。　5

	A	B	C
①	第1次	第2次	第3次
②	第2次	第3次	第1次
③	第1次	第3次	第2次
④	第2次	第1次	第3次

(2) グラフの説明として正しいものを，次の①～④の中から1つ選びなさい。　6

　① 農業に従事する人が増大している。
　② サービス業に従事する人が激減している。
　③ 漁業に従事する人が増大している。
　④ 製造業に従事する人の増加が石油危機以降止まった。

(3) グラフによれば，1960年頃から70年にかけて，産業構造が大きく変化したことがわかる。このグラフの背景にある現象として正しいものを，次の①～④の中から1つ選びなさい。　7

　① 農業をやめて，都市に働き口を求める人が増大した。
　② 工場をやめて，農村に働き口を求める人が増大した。
　③ 農業をやめて，漁村に働き口を求める人が増大した。
　④ 工場をやめて，山村に働き口を求める人が増大した。

問3 次の文章中の空欄（a）～（c）に当てはまる語句の組み合わせとして正しいものを，下の①～④の中から1つ選びなさい。　8

　企業や家計が，自由な競争を通じて，商品を生産し，売り買いする経済の仕組みは，市場経済とよばれる。市場経済のもとでは，売買される量は市場で決まる価格（市場価格）のはたらきによって調整される。供給量が少なく，需要量が多い時，市場価格は（ a ）する。市場価格が（ a ）すると，生産者は利益が期待できるので生産を（ b ）させる。こうして供給量が増えると，市場価格は（ c ）する。市場価格が（ c ）すると，生産者は利益が減少するので，供給量を少なくする。

	a	b	c
①	上昇	増加	下降
②	上昇	減少	下降
③	下降	増加	上昇
④	下降	減少	上昇

問4 物価と賃金の関係について，下の問い(1)～(3)に答えなさい。

(1) 次のグラフは，1966年から1987年までの日本の物価と賃金の上昇率の変化をあらわしたものである。このグラフの読み方として正しいものを，下の①～④の中から1つ選びなさい。　9

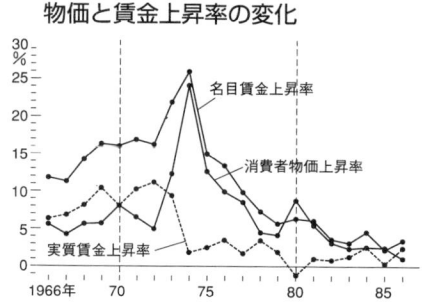

（正村公宏『図説戦後史』筑摩書房による）

① 1960年代の後半に消費者物価が上昇している主な原因は，名目賃金の上昇である。
② 1973～74年には消費者物価上昇率が大幅に上がったため，名目賃金が上昇した効果が減って実質賃金上昇率が下がった。
③ 1980年に消費者物価上昇率は名目賃金の上昇率を上回ったので，賃金労働者の暮らしはそれまでよりも，相対的に楽になった。
④ 1986年に実質賃金が上向いている主な原因は，名目賃金の上昇である。

(2) 名目賃金，実質賃金，消費者物価の関係についての説明として正しいものを，次の①～④の中から1つ選びなさい。　10

① 名目賃金が一定であれば，消費者物価が下がると，実質賃金は上がる。
② 消費者物価が一定であれば，名目賃金が下がると，実質賃金は上がる。
③ 名目賃金が一定であれば，消費者物価が下がると，実質賃金は下がる。
④ 消費者物価が一定であれば，名目賃金が上がると，実質賃金は下がる。

(3) 実質賃金が上昇した事例を，次の①〜④の中から1つ選びなさい。　11

① 野菜の値段が上がって，いままでの給料では足りなくなった。
② 衣料品や電気料金が安くなり，他のものを多く買えるようになった。
③ 会社で昇進して，給料が上がったが，それだけ税金も増えた。
④ 売り上げ後退で給料が減ったが，株式への投資が成功して所得が増えた。

問5　円高の影響についての説明として最も適切なものを，次の①〜④の中から1つ選びなさい。　12

① 円高によって，輸入品の円表示価格が低下し，日本への輸入は促進される。
② 円高によって，一時的に日本の貿易収支の黒字幅は縮小するが，長期的に黒字は拡大に向かう。
③ 円高は，国内不況をもたらすが，日本への海外直接投資を増加させる。
④ 円高によって，輸出品の外貨表示価格が上昇し，日本の輸出は促進される。

問6　株式会社とその株主の関係として正しいものを，次の①〜④の中から1つ選びなさい。　13

① 株主は，会社の利益のうちから，固定された率の利子を受け取ることができる。
② 株主は，会社が倒産した場合には，その会社の負債を返済しなければならない。
③ 株主は，株式を売却する場合には，経営者の許可を得なければならない。
④ 株主は，会社の経営者の選任について，議決権を行使することができる。

問7　次の文章を読み，下の問い(1)，(2)に答えなさい。

　企業や消費者が，生産や消費を通じて，市場の外で社会に不利益をもたらすことを「外部不経済」という。そこで、外部不経済を是正するために，しばしば政府の活動が求められる。これが「公共財」として提供される場合がある。

(1) 外部不経済の事例として**不適切なもの**を，次の①～④の中から１つ選びなさい。 14

① 工場で自動車を生産したが，不況のために売れ残ってしまった。
② 産業廃棄物を大量に投棄した場所から，有害物質が発生した。
③ 景気がよくなって工場が夜にも操業したので，夜間の騒音がはげしくなった。
④ 駅の売店でタバコを買った人が，ホームで大量に喫煙していて空気が汚れた。

(2) 公共財の事例として正しいものを，次の①～④の中から１つ選びなさい。 15

① リゾート・ホテル　② 水資源　③ 労働力　④ 河川の堤防

問8　次の国際収支表の空欄（ａ）～（ｄ）に当てはまる語句の組み合わせとして正しいものを，下の①～④の中から１つ選びなさい。 16

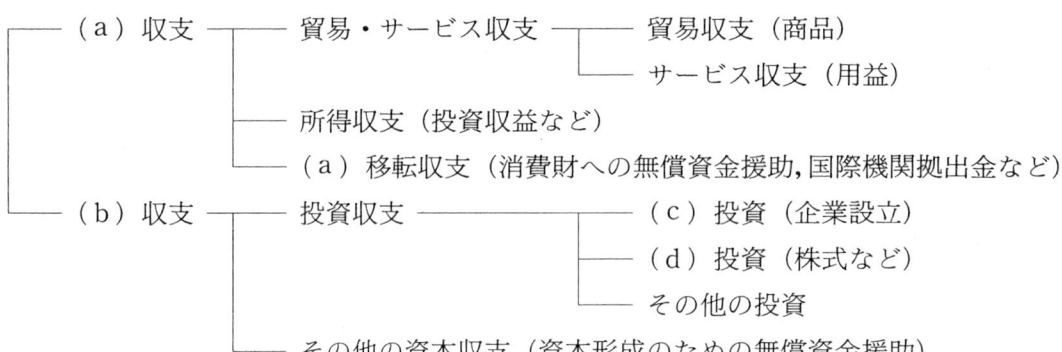

	a	b	c	d
①	経常	資本	直接	証券
②	経常	資本	証券	直接
③	資本	経常	直接	証券
④	資本	経常	証券	直接

問9　技術の革新と社会の関係についての次の文章を読み，下の問い(1)，(2)に答えなさい。

　イギリス産業革命以後，2度にわたる技術の革新があり，現在は情報通信技術の発達によって，情報化社会と呼ばれる社会が出現しつつある。

(1) 下線部1「2度にわたる技術の革新」の内容の組み合わせとして最も適切なものを，次の①〜④の中から1つ選びなさい。　17

	第1の技術革新	第2の技術革新
①	蒸気機関，紡績機械，鉄道	電力，内燃機関，無線通信
②	電力，内燃機関，無線通信	原子力，ジェットエンジン，コンピュータ
③	電力，内燃機関，無線通信	蒸気機関，紡績機械，鉄道
④	電力，内燃機関，コンピュータ	太陽エネルギー，蒸気機関，無線通信

(2) 下線部2「情報通信技術の発達」がもたらした社会の変化として最も適切なものを，次の①〜④の中から1つ選びなさい。　18

① 情報ネットワークを利用した就労の場が拡大したことにより，移民や経済難民が減少した。

② 経済情報の交流が活発化したことにより，資本移動がさかんになった。

③ 紙以外の通信手段が発達したことにより，森林資源の浪費が大幅に減少した。

④ 経済のグローバル化（globalization）が進んだことにより，各国間の所得格差が急速に縮小した。

問10 日本の農地利用についての次の文章を読み，下の問い(1)，(2)に答えなさい。

20世紀初頭の日本では，水田に適さない農地の多くが桑畑（mulberry field）に使用されていた。しかし，20世紀後半，桑畑の面積は次第に減少した。

(1) 桑を利用した産業として正しいものを，次の①～④の中から1つ選びなさい。　**19**

① 綿工業　② 製紙業　③ 製糸業　④ 化学工業

(2) 桑畑だった土地は，20世紀後半，主にどのように利用されるようになったか。正しいものを，次の①～④の中から1つ選びなさい。　**20**

① 水田　② 果樹栽培　③ 放牧地　④ 綿花栽培

問11 奈良市についての次の文章を読み，下の問い(1)，(2)に答えなさい。

旧市街には重要な歴史的建造物が多く，貴重な観光資源となっている。西部の丘陵地では，大規模な住宅地開発が行われ，大阪市まで通勤する人が多い。

(1) 旧市街に多い重要な歴史的建造物として最も適切なものを，次の①～④の中から1つ選びなさい。　**21**

① 高層建築　② 寺社　③ 宮殿　④ 城跡

(2) 大阪への通勤手段として最もよく利用されているものを，次の①～④の中から1つ選びなさい。　**22**

① 飛行機　② 自転車　③ 鉄道　④ 船

問12 次の文章と図を見て，下の問い(1), (2)に答えなさい。

　日本は細長い島国である。その島々は北東から南西に向かって細長く延びるように分布している。日本の東端は南鳥島（図のA点，東経153°59′），西端は与那国島（図のB点，東経122°56′）である。ただし，国内で使用している時間帯は1種類しかなく，東経135°における時刻を日本標準時（Japan Standard Time, JST）としている。

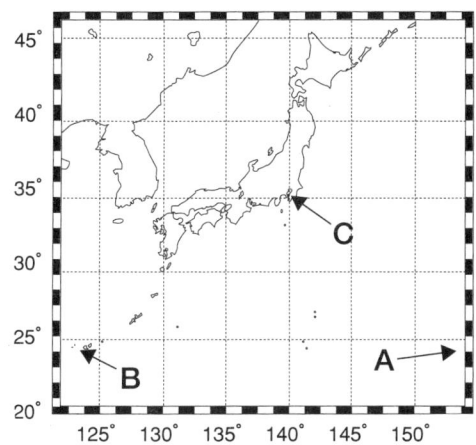

(1) 東京（C点）の日本標準時時刻はグリニッジ標準時（Greenwich Mean Time, GMT）時刻とどのような関係にあるか。最も適切なものを，次の①～④の中から1つ選びなさい。　　23

① 東京の方が9時間進んでいる。
② グリニッジ標準時の方が9時間進んでいる。
③ 東京の方が9時間20分進んでいる。
④ グリニッジ標準時の方が9時間20分進んでいる。

(2) 南鳥島（A点）と与那国島（B点）の日の出の時間についての説明として最も適切なものを，次の①～④の中から1つ選びなさい。　　24

① 南鳥島（A点）は与那国島（B点）より日の出の時間が約1時間早い。
② 南鳥島（A点）は与那国島（B点）より日の出の時間が約1時間遅い。
③ 南鳥島（A点）は与那国島（B点）より日の出の時間が約2時間早い。
④ 南鳥島（A点）は与那国島（B点）より日の出の時間が約2時間遅い。

問13 次の表は，各国の外国人参政権の特徴を示したものである。この表についての説明として最も適切なものを，下の①〜④の中から1つ選びなさい。 25

国名	国政レベル		地方レベル	
	選挙権	被選挙権	選挙権	被選挙権
スウェーデン（Sweden）	×	×	○	○
デンマーク（Denmark）	×	×	○	○
ノルウェー（Norway）	×	×	○	○
オランダ（Netherlands）	×	×	○	○
アイルランド（Ireland）	△	×	○	○
フィンランド（Finland）	×	×	○	○
スイス（Swiss）	×	×	△	△
スペイン（Spain）	×	×	△	△
アイスランド（Iceland）	×	×	△	△
英国（United Kingdom）	△	△	△	△
フランス（France）	×	×	×	×
ドイツ（Germany）	×	×	×	×
オーストリア（Austria）	×	×	×	×
イタリア（Italy）	×	×	×	×
ギリシャ（Greece）	×	×	×	×
ベルギー（Belgium）	×	×	×	×
ルクセンブルク（Luxemburg）	×	×	×	×
米国（United States of America）	×	×	×	×
カナダ（Canada）	×	×	△	△
ニュージーランド（New Zealand）	○	△	○	△
日本	×	×	×	×
中国（China）	×	×	×	×
韓国（South Korea）	×	×	×	×
朝鮮民主主義人民共和国（North Korea）	×	×	×	×
フィリピン（Philippines）	×	×	×	×

○：認めている。×：認めていない。△：一部認めている

（『知恵蔵2002』朝日新聞社から）

① 植民地を保有した経験のある国では在住外国人の参政権が認められていない。

② 地方分権が進んでいる北欧では，外国人参政権が認められる傾向にある。

③ 外国人労働者の数が多い国ほど，外国人参政権が認められやすい。

④ 国政レベルと比較して，地方レベルへの参政権は認められにくい。

問14 次の文章を読み，下の問い(1), (2)に答えなさい。

日本国憲法では，国会は国権の最高機関であって，国の唯一の（ a ）機関であると規定されている。日本の国会は（ b ）と（ c ）の２つの議院から構成されているが，予算の審議，条約の締結，内閣総理大臣の指名に関しては（ b ）の優越が認められている。

(1) 文中の空欄（ a ）～（ c ）に当てはまる語句の組み合わせとして正しいものを，次の①～④の中から１つ選びなさい。　26

	a	b	c
①	行政	参議院	衆議院
②	行政	衆議院	参議院
③	立法	参議院	衆議院
④	立法	衆議院	参議院

(2) 下線部「（ b ）の優越が認められている」理由として正しいものを，次の①～④の中から１つ選びなさい。　27

① （ b ）の議員は選挙で選ばれるが，（ c ）の議員は世襲＊であるから。
② （ b ）の議員は（ c ）の議員よりも人数が少ないから。
③ （ b ）の議員は（ c ）の議員よりも任期が長いから。
④ （ b ）は解散があり，選挙の機会が多く，民意が反映されやすいから。

＊世襲：親から子へ受け継ぐこと

問15 次の年表は，国際連合（United Nations）で採択された人権に関する取り決めを示したものである。表中の空欄（ a ）〜（ c ）に当てはまる語句の組み合わせとして正しいものを，下の①〜④の中から1つ選びなさい。 28

1948年　世界人権宣言（Universal Declaration of Human Rights）
1965年　（ a ）条約
1966年　国際人権規約（International Covenants on Human Rights）
1979年　（ b ）条約
1989年　（ c ）条約

	a	b	c
①	子どもの権利	女性差別撤廃	人種差別撤廃
②	人種差別撤廃	子どもの権利	女性差別撤廃
③	人種差別撤廃	女性差別撤廃	子どもの権利
④	子どもの権利	人種差別撤廃	女性差別撤廃

注）
子どもの権利条約（Convention on the Rights of the Child），女性差別撤廃条約（Convention for Elimination of All Forms of Discrimination against Women），人種差別撤廃条約（International Convention on the Elimination of All Forms of Racial Discrimination）

問16 1955年4月にインドネシア（Indonesia）のバンドン（Bandung）で，重要な国際会議が開かれた。その説明として正しいものを，次の①〜④の中から1つ選びなさい。 29

① アジア（Asia）や南アメリカ（South America）の国が参加した。
② インド（India）や中国（China）などの大国は会議に参加しなかった。
③ 民族独立運動を停止させることを決議した。
④ 帝国主義と植民地主義に反対する原則を唱えた。

問17 次のグラフを見て、戦前と戦後で自作地と小作地の割合が変わった理由として正しいものを、下の①〜④の中から1つ選びなさい。　30

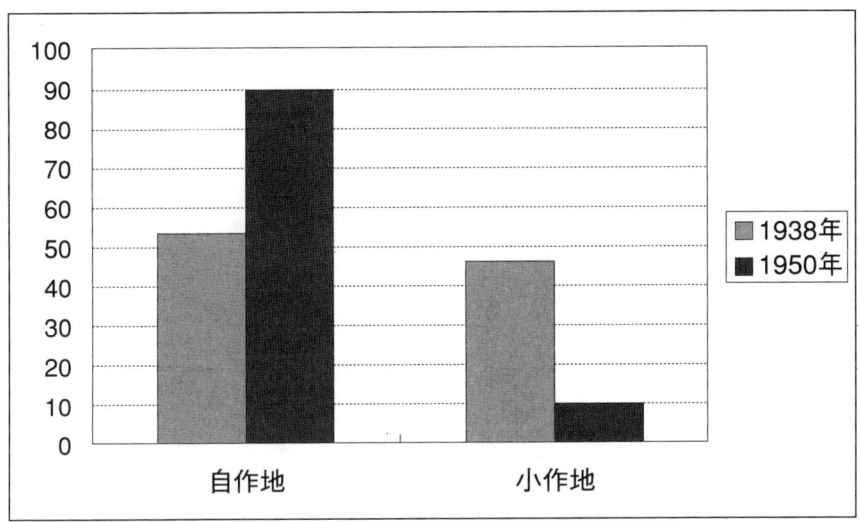

（『農林省統計表』）

① 農地改革
② 農業への株式会社の参入
③ 農業の集団化
④ プランテーション（plantation）の解体

問18 第1次世界大戦（World War I）の後、世界戦争の再発を防ぐための努力が行われた。その説明として正しいものを、次の①〜④の中から1つを選びなさい。　31

① 1919年にヴェルサイユ条約（Treaty of Versailles）が締結され、ドイツ（Germany）とロシア（Russia）は軍備を完全に禁止された。
② 1920年に国際連盟（League of Nations）が成立し、アメリカ（United States of America）とイギリス（United Kingdom）が常任理事国となった。
③ 1922年にワシントン条約（Washington Treaty）が締結され、ドイツ空軍の軍備を縮小することが決められた。
④ 1928年に不戦条約（Kellogg-Briand Pact）が締結され、武力による国際紛争の解決の禁止が合意された。

問19 次のグラフを見て，第1次世界大戦（World War I）が日本経済へ与えた影響についての説明として正しいものを，下の①～④の中から1つ選びなさい。 32

投資計画額の変化（単位：100万円）

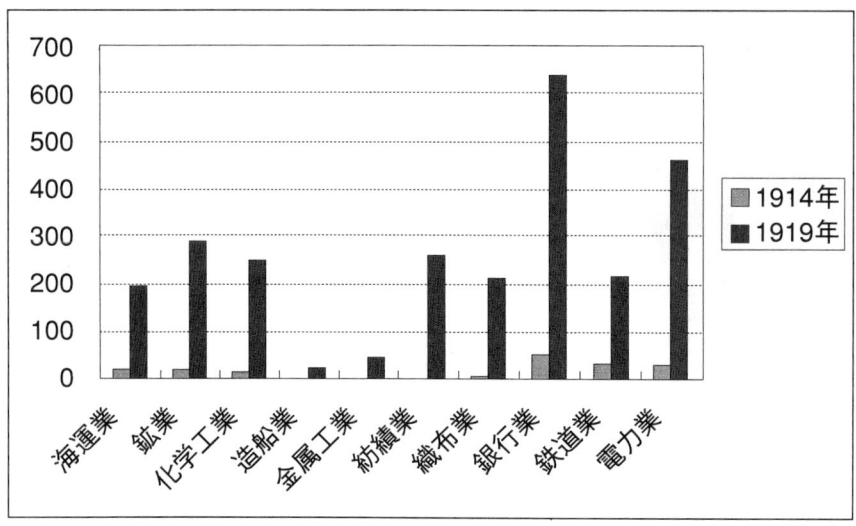

（三和良一『概説日本経済史　近現代』東京大学出版会による）

① 化学工業はドイツ（Germany）からの輸入に刺激されて，急速に発達した。
② 重工業はドイツへの輸出が禁止されて，不振であった。
③ 軽工業は大戦景気の反動で不振がつづいた。
④ 銀行業は大戦景気のために活気づいた。

問20 次の表は19世紀末日本の輸出入額の品目別構成比についての表である。この表を見て，下の問い(1)～(3)に答えなさい。

輸出額の品目別構成比（合計：100%）

	生糸	緑茶	水産物	米	綿糸	絹織物	石炭	その他
1882年	43.1	18.2	5.2	4.4	——	——	——	29.1
1897年	34.1	4.6	——	——	8.2	6.0	5.2	41.9

（1882年総額3772万円，1897年総額1億6314万円）

輸入額の品目別構成比（合計：100%）

	綿糸	砂糖	綿織物	毛織物	石油	綿花	米	機械類	鉄類	その他
1882年	22.2	15.1	14.6	8.9	7.9	——	——	——	——	31.3
1897年	4.4	9.0	4.4	4.4	——	19.9	9.8	8.0	4.1	36.0

（1882年総額2945万円，1897年総額2億1930万円）『日本貿易精覧』東洋経済新報社による

(1) この時期の貿易構造の変化についての説明として正しいものを，次の①〜④の中から1つ選びなさい。　33

① 生糸と緑茶はこの時期を通じて2大輸出商品でありつづけた。
② 綿糸と砂糖はこの時期を通じて2大輸入商品でありつづけた。
③ 綿糸の輸出額は輸入額を上回った。
④ 綿糸の輸入額は輸出額を上回った。

(2) この時期の輸出品目の状況についての説明として正しいものを，次の①〜④の中から1つ選びなさい。　34

① 生糸の輸出は活発であった。
② 綿糸の輸出は衰退した。
③ 緑茶の輸出は半減した。
④ 石炭の輸出は弱まった。

(3) この時期に特徴的に発展した事態についての説明として正しいものを，次の①〜④の中から1つ選びなさい。　35

① 水力発電から火力発電へのエネルギー革命が進展した。
② 石炭から石油へのエネルギー革命が進展した。
③ 重工業における産業革命が進行した。
④ 軽工業における産業革命が進行した。

問21　19世紀の前半，インドネシア（Indonesia）ではオランダ（Netherlands）の命令によってコーヒー（coffee），サトウキビ（sugar cane）などの作物を強制的に栽培させることが始まった。この強制栽培制度についての説明として最も適切なものを，次の①〜④の中から1つ選びなさい。　36

① コーヒーは高い値段で輸出されたので，インドネシア農民の生活は豊かになった。
② 米作地帯で米を生産できなくなり，インドネシア農民を困らせた。
③ サトウキビは，インドネシア人が消費するために栽培された作物であった。
④ 強制栽培はオランダ農民が労働者として担った。

問22 次の図は，19世紀前半におけるイギリス（Great Britain），インド（India），中国（China）間の貿易関係を示したものである。A～Cはその代表的な輸出商品である。A～Cに当てはまる商品の組み合わせとして最も適切なものを，下の①～④の中から1つ選びなさい。 37

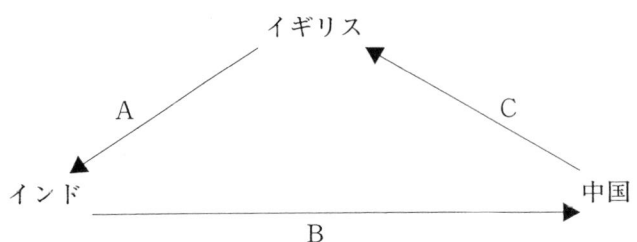

	A	B	C
①	毛織物	アヘン	銀
②	毛織物	綿花	陶磁器
③	綿織物	アヘン	茶
④	綿織物	香辛料	生糸

（注）アヘン（opium）

問23 次のA～Dは，アメリカ独立戦争（War of American Independence）に関係した出来事である。これらを年代順に並べたものとして正しいものを，次の①～④の中から1つ選びなさい。 38

A 13州の代表が独立宣言（Declaration of Independence）を発表した。

B ワシントン（George Washington）が初代大統領に就任した。

C アメリカ合衆国憲法（Constitution of the United States of America）が制定された。

D パリ条約（Treaty of Paris）でアメリカの独立が認められた。

① A→B→D→C
② A→C→B→D
③ A→D→C→B
④ C→B→A→D

総合科目の問題はこれで終わりです。解答欄の 39 ～ 60 は空欄のままにしてください。

問題用紙

平成14年度（2002年度）日本留学試験

数 学（80分）

【コース1（基礎, Basic）・コース2（上級, Advanced）】
（どちらかのコースを選んで解答してください。）

I 注意事項
1. 試験開始の合図があるまで，この問題用紙の中を見てはいけません。
2. コース1は1～13ページ，コース2は14～25ページにあります。
3. 解答は，解答用紙に鉛筆（HB）で記入してください。
4. 問題用紙の余白は，計算やメモに使ってもかまいません。
5. 試験が終わっても，この問題用紙を持ち帰ることはできません。
6. 受験番号と名前を下の欄に，受験票と同じように記入してください。

II 解答上の注意
1. 問題文中のA，B，C，…には，それぞれ－（マイナスの符号），または，0から9までの数が一つずつ入ります。あてはまるものを選び，解答用紙（マークシート）の対応する解答欄にマークしてください。
    ただし，平方根については，たとえば，$\sqrt{12}$ は $2\sqrt{3}$ のように，できるだけ簡単にしてください。また，分数については，符号は分子につけ，分母・分子はできるだけ約分して解答してください。

【例】

$\dfrac{\boxed{A}\sqrt{\boxed{B}}}{\boxed{C}\boxed{D}}$ に $\dfrac{-\sqrt{3}}{14}$ と答える場合は，以下のようにマークする。

【解答用紙】

2. 解答用紙に書いてある注意事項も必ず読んでください。

数学コース１（基本コース）

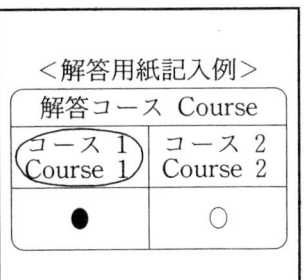

「解答コース」記入方法

解答コースには「コース１」と「コース２」があります。「コース１」を選択する場合は，右のように，解答用紙の左上にある「解答コース」の「コース１」を○で囲み，その下のマーク欄をぬりつぶしてください。選択したコースが正しくぬりつぶされていないと，採点されません。

I 次の各問題に対して，それぞれの選択肢の中から最も適するものを一つ選びなさい。

問１　２次方程式
$$2x^2+6x-3=0$$
の２つの解のうち，小さい方の解は $\boxed{A}$ である。

① $\dfrac{-3-\sqrt{15}}{2}$　　② $\dfrac{-3-\sqrt{3}}{2}$　　③ $\dfrac{3-\sqrt{15}}{2}$　　④ $\dfrac{3-\sqrt{3}}{2}$

問２　二つの実数 a, b についての命題（proposition）

『$a=0$ または $b=0$ であれば $ab=0$ である』

の対偶（contrapositive）命題は $\boxed{B}$ であり，逆（converse）命題は $\boxed{C}$ である。

① $ab=0$ ならば $a=0$ または $b=0$

② $ab=0$ ならば $a=0$ かつ $b=0$

③ $ab\neq0$ ならば $a\neq0$ または $b\neq0$

④ $ab\neq0$ ならば $a\neq0$ かつ $b\neq0$

問3　関数
$$f(x)=|2-x|-2|2+x|$$
は，$x \leqq -2$ のとき $\boxed{D}$ に一致する。

① $-3x-2$　② $-x-6$　③ $x+6$　④ $3x+2$

問4　$3^{\frac{2}{\log_{10}3}}$ の値は $\boxed{E}$ である。

① 2　② 3　③ 8　④ 10　⑤ 100

II

次の各問題文中の **A**〜**P** には，それぞれ，−（負号，minus sign）か 0〜9 の数字のいずれか一つが入る。適するものを選びなさい。

問1　実数 x, y が
$$x+y=3, \qquad xy=1$$
を満たすとき，
$$x^2+y^2=\boxed{A}, \qquad x^3+y^3=\boxed{BC}$$
である。

問2　整式（polynomial）
$$P = x^4 - 7x^2 + 12$$
を因数分解すると
$$P = \left(x - \boxed{D}\right)\left(x + \boxed{E}\right)\left(x - \sqrt{\boxed{F}}\right)\left(x + \sqrt{\boxed{G}}\right)$$
となる。

問3　関数
$$y = ax^2 + bx + c$$
のグラフが右図のような曲線であれば
$a = \boxed{H}$,　　$b = \boxed{I}$,　　$c = \boxed{J}$　である。

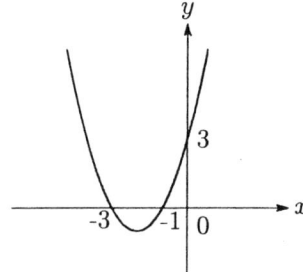

問4　二つの放物線（parabola）

$$y = x^2 - 4x + 1 \quad \cdots\cdots ①$$
$$y = 2x^2 - 20x + 49 \quad \cdots\cdots ②$$

がある。

(1) ①の放物線の頂点の座標は $\left(\boxed{K}, \boxed{LM}\right)$ である。

(2) この二つの放物線の交点の x 座標は $\boxed{N}$ と $\boxed{OP}$ である。

Ⅲ 次の各問題文中の A～T には，それぞれ，－ か 0 ～ 9 の数字のいずれか一つが入る。適するものを選びなさい。

問 1 変数 x が $-1 \leqq x \leqq 2$ の範囲を動くとき，関数
$$y = \left(\frac{3}{2}\right)^x$$
の最小値は $\dfrac{A}{B}$ で，最大値は $\dfrac{C}{D}$ である。

数学-8

問2 三角形 ABC は

$$AB=3, \quad BC=7, \quad CA=5$$

を満たしているとする。このとき,

(1) $\cos A = \dfrac{\boxed{EF}}{\boxed{G}}$ である。

(2) △ABC の面積は $\dfrac{\boxed{HI}\sqrt{\boxed{J}}}{\boxed{K}}$ である。

問3　座標平面（coordinate plane）上に，円
$$x^2+y^2-8x-4y+16=0$$
がある。

(1) この円の中心の座標は $(\boxed{\text{L}}, \boxed{\text{M}})$ で，半径（radius）は $\boxed{\text{N}}$ である。

(2) この円と直線
$$x+y=8$$
との交点の座標は $(\boxed{\text{O}}, \boxed{\text{P}}), (\boxed{\text{Q}}, \boxed{\text{R}})$ である。　ただし，O＜Q とする。

(3) 次の二つの不等式（inequality）
$$x^2+y^2-8x-4y+16\leqq 0,$$
$$x+y-8\leqq 0$$
を同時に満たす領域（domain）の面積は $\boxed{\text{S}}\pi+\boxed{\text{T}}$ である。

IV 次の各問題文中の A～R には，それぞれ，－か0～9の数字のいずれか一つが入る。適するものを選びなさい。

問1 数列 $\{a_k\}$ が
$$a_k = k^2 - 2k + 2 \quad (k \geq 1)$$
で与えられているとき，初項から第 n 項までの和は
$$\frac{\boxed{A}\,n^3 - \boxed{B}\,n^2 + \boxed{C}\,n}{\boxed{D}}$$
である。

問2　関数
$$f(x)=x^3+3x^2-9x-3$$
は $x=\boxed{EF}$ で極大値 $\boxed{GH}$ をとり，$x=\boxed{I}$ で極小値 $\boxed{JK}$ をとる。

問3　放物線 $y=x^2+3$ と直線 $y=2\sqrt{3}\,x$ と y 軸で囲まれた部分の面積は $\sqrt{\boxed{L}}$ である。

問4　独立な事象（event）A, B, C の起こる確率が，それぞれ，0.9, 0.8, 0.7 であるとき，

(1) 事象 A, B, C が同時に起こる確率は 0.[MNO] である。

(2) 事象 A, B, C のうちのいずれか二つだけが起こる確率は 0.[PQR] である。

数学コース1の問題はこれで終わりです。

数学コース2（上級コース）

「解答コース」記入方法

解答コースには「コース1」と「コース2」があります。「コース2」を選択する場合は，右のように，解答用紙の左上にある「解答コース」の「コース2」を○で囲み，その下のマーク欄をぬりつぶしてください。選択したコースが正しくぬりつぶされていないと，採点されません。

I　次の各問題に対して，それぞれの選択肢の中から最も適するものを一つ選びなさい。

問1　二つの実数 a, b についての命題（proposition）

『$a=0$ または $b=0$ であれば $ab=0$ である』

の対偶（contrapositive）命題は A であり，逆（converse）命題は B である。

① $ab=0$ ならば $a=0$ または $b=0$

② $ab=0$ ならば $a=0$ かつ $b=0$

③ $ab\neq 0$ ならば $a\neq 0$ または $b\neq 0$

④ $ab\neq 0$ ならば $a\neq 0$ かつ $b\neq 0$

問 2　下図の ①〜⑥ の中で

(1) 関数 $y=\sin x$ のグラフは $\boxed{C}$ である。

(2) 関数 $y=\cos 2x$ のグラフは $\boxed{D}$ である。

①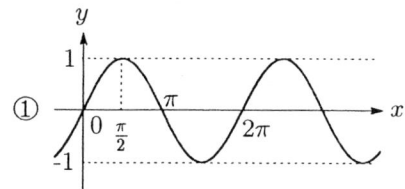

④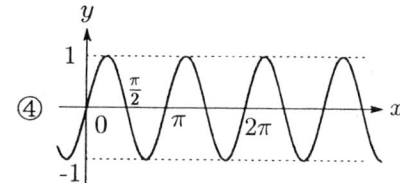

②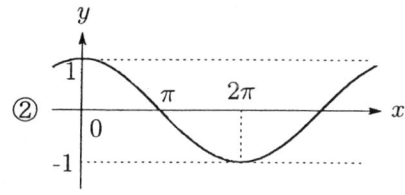

⑤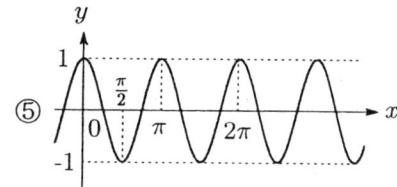

③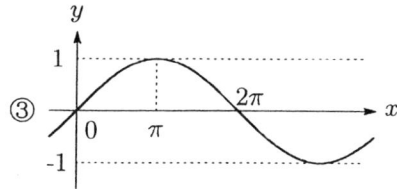

⑥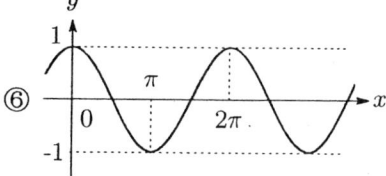

問3　無理不等式（irrational inequality）

$$2\sqrt{2x-1} \geqq x-1$$

の解は $\boxed{\text{E}} \leqq x \leqq \boxed{\text{F}}$ である。

① $\dfrac{1}{4}$　　② $\dfrac{1}{2}$　　③ $5-2\sqrt{5}$　　④ 2　　⑤ $5+2\sqrt{5}$

問4　関数

$$y = e^{2x}\log(2x+1)$$

の導関数（derivative）は $\boxed{\text{G}}$ である。ただし，$\log x$ は x の自然対数を表し，e はその底とする。

① $e^{2x}\log(2x+1) + \dfrac{e^{2x}}{2x+1}$　　　　② $e^{2x}\log(2x+1) + \dfrac{2e^{2x}}{2x+1}$

③ $2e^{2x}\log(2x+1) + \dfrac{e^{2x}}{2x+1}$　　　　④ $2e^{2x}\log(2x+1) + \dfrac{2e^{2x}}{2x+1}$

II

次の各問題文中の **A**〜**S** には，それぞれ，−（負号，minus sign）か 0〜9 の数字のいずれか一つが入る。適するものを選びなさい。

問 1　実数 x, y が

$$x+y=3, \qquad xy=1$$

を満たすとき，

$$x^2+y^2=\boxed{\text{A}}, \qquad x^3+y^3=\boxed{\text{BC}}$$

である。

問2　座標平面（coordinate plane）上に，円
$$x^2+y^2-8x-4y+16=0$$
がある。

(1) この円の中心の座標は $(\boxed{D}, \boxed{E})$ で，半径（radius）は $\boxed{F}$ である。

(2) この円と直線
$$x+y=8$$
との交点の座標は $(\boxed{G}, \boxed{H})$, $(\boxed{I}, \boxed{J})$ である。　ただし，G<I とする。

(3) 次の二つの不等式（inequality）
$$x^2+y^2-8x-4y+16 \leqq 0,$$
$$x+y-8 \leqq 0$$
を同時に満たす領域（domain）の面積は $\boxed{K}\pi+\boxed{L}$ である。

問3　方程式
$$2\times 4^x-9\times 2^x+4=0$$
の解は $x=\boxed{M}$ と $x=\boxed{NO}$ である。

問4　関数
$$f(x)=\sin x+\sqrt{3}\cos x \qquad (0\leq x<2\pi)$$
は
$$f(x)=\boxed{P}\sin\left(x+\frac{\pi}{\boxed{Q}}\right)$$
と合成できるので，$x=\dfrac{\pi}{\boxed{R}}$ のとき最大値 $\boxed{S}$ をとる。

III 次の各問題文中の **A**〜**N** には，それぞれ，− か 0〜9 の数字のいずれか一つが入る。適するものを選びなさい。

問1 正方行列（square matrix）
$$A = \begin{pmatrix} 1 & 1 \\ a & b \end{pmatrix}$$
が
$$A^2 + A + E = O$$
を満たすとき，$a = \boxed{\text{AB}}$，$b = \boxed{\text{CD}}$ である。ただし，E は単位行列（unit matrix），O は零行列（zero matrix）を表す。

問2　一つのサイコロ（dice）を2回投げる。

(1) 2回とも同じ目が出る確率は $\dfrac{E}{F}$ である。

(2) 出る目の数の最大値が3となる確率は $\dfrac{G}{HI}$ である。ただし，2回とも3が出る場合も含む。

(3) 出る目の数の最大値の期待値（expectation）は $\dfrac{JKL}{MN}$ である。

IV

問1 初項（first term）2，公比（common ratio）$-\dfrac{2}{3}$ の等比数列（geometric progression）$\{a_n\}$ を考える。このとき，$b_n = a_{n+1}a_n$ $(n \geq 1)$ とおくと，数列 $\{b_n\}$ は

$$\text{初項} = \dfrac{-8}{3}, \quad \text{公比} = \dfrac{4}{9}$$

の等比数列になる。したがって，

$$\sum_{n=1}^{\infty} b_n = \dfrac{-24}{5}$$

である。

問 2　関数
$$f(x)=x^3+3x^2-9x-3$$
は $x=\boxed{\text{JK}}$ で極大値 $\boxed{\text{LM}}$ をとり，$x=\boxed{\text{N}}$ で極小値 $\boxed{\text{OP}}$ をとる。

III 次の各問題文中の A〜N には，それぞれ，− か 0 〜 9 の数字のいずれか一つが入る。適するものを選びなさい。

問1 正方行列（square matrix）
$$A = \begin{pmatrix} 1 & 1 \\ a & b \end{pmatrix}$$
が
$$A^2 + A + E = O$$
を満たすとき，$a = \boxed{\text{AB}}$，$b = \boxed{\text{CD}}$ である。ただし，E は単位行列（unit matrix），O は零行列（zero matrix）を表す。

問2　一つのサイコロ（dice）を2回投げる。

(1) 2回とも同じ目が出る確率は $\dfrac{E}{F}$ である。

(2) 出る目の数の最大値が3となる確率は $\dfrac{G}{HI}$ である。ただし，2回とも3が出る場合も含む。

(3) 出る目の数の最大値の期待値（expectation）は $\dfrac{JKL}{MN}$ である。

$\boxed{\text{IV}}$ 次の各問題文中の A～R には，それぞれ，－か 0～9 の数字のいずれか一つが入る。適するものを選びなさい。

問 1　初項（first term）2，公比（common ratio）$-\dfrac{2}{3}$ の等比数列（geometric progression） $\{a_n\}$ を考える。このとき，$b_n = a_{n+1} a_n \ (n \geq 1)$ とおくと，数列 $\{b_n\}$ は

$$\text{初項} = \frac{\boxed{AB}}{\boxed{C}}, \qquad \text{公比} = \frac{\boxed{D}}{\boxed{E}}$$

の等比数列になる。したがって，

$$\sum_{n=1}^{\infty} b_n = \frac{\boxed{FGH}}{\boxed{I}}$$

である。

問 2 関数
$$f(x)=x^3+3x^2-9x-3$$
は $x=$ JK で極大値 LM をとり，$x=$ N で極小値 OP をとる。

問3　曲線 $y=x^3-x$ と x 軸とで囲まれた2つの領域の面積の和は $\dfrac{\boxed{Q}}{\boxed{R}}$ である。

数学コース2の問題はこれで終わりです。

Question Booklet

2002 Examination for Japanese University Admission for International Students

Science (80min.)

【Physics, Chemistry, Biology】

(Select two of these subjects and answer their questions only.)

I. Important Rules and Information

1. Do not open this question booklet until permission to start the test has been given.

2.
Subject	Pages
Physics	1 – 9
Chemistry	11 – 19
Biology	21 – 30

3. You must mark your answers on the answer sheet with an HB pencil.

4. You may write notes in the margins of the question booklet.

5. You may not leave the room with this question booklet, even after the test is over.

6. Write your name and examination registration number in space provided below, in the same way that they appear on your examination admission card.

II. Answering Method

1. One of the row numbers $\boxed{1}$, $\boxed{2}$, $\boxed{3}$, ⋯ is provided for each question. Follow the instruction in the question and completely blacken your answer in the corresponding row of the answer sheet (mark-sheet).

2. Carefully read the instructions on the answer sheet too.

Examination registration number		Name	

Physics

Marking Your Selected Category

You need to indicate the science category (Physics, Chemistry, Biology) that will be answered with this answer sheet. As shown in the example on the right, if you are responding to the Physics questions, circle the label "Physics" and completely blacken the circle under the label. If you do not properly blacken the appropriate circle, your answers will not be graded.

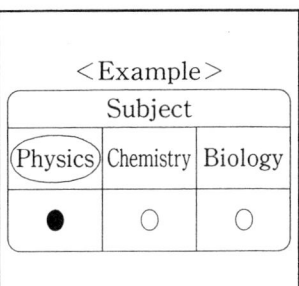

I Answer the following questions from **Q1** to **Q5**.

Q1 Since this question had a misprint, it was deleted and excluded from scoring.

Q2 A rocket, of total mass M, is moving at a speed V. The rocket ejects fuel of mass m with relative speed v opposite to the direction of motion of the rocket. Find the speed of the rocket after the ejection.

Choose the correct one from the following ①〜④. |2|

① $V + \dfrac{m}{M+m}v$ ② $V - \dfrac{m}{M+m}v$ ③ $V + \dfrac{m}{M-m}v$ ④ $V - \dfrac{m}{M-m}v$

Science—2

Q3 What are the correct descriptions among the following sentences from (a) to (d)? Choose a proper combination from ①～⑥ below. ☐3

(a) In an isochoric (constant volume) change of an ideal gas, work is done on its environment or work is done by the environment.
(b) In an isochoric change of an ideal gas, work is not done on its environment and work is not done by the environment.
(c) In an isothermal (constant temperature) change of an ideal gas, the internal energy of an ideal gas changes.
(d) In an isothermal change of an ideal gas, the internal energy of an ideal gas does not change.

① a, b   ② a, c   ③ a, d
④ b, c   ⑤ b, d   ⑥ c, d

Q4 A resistor of resistance 15 Ω is connected to a battery of electromotive force 6 V. What is the total amount of generation of heat [J] when a net charge of 3 C passes through the resistor?
Choose the most appropriate one from the following ①～⑥. ☐4 J

① 0.4   ② 2.4   ③ 7.5   ④ 9   ⑤ 18   ⑥ 54

Q5 A hit of an electron beam produces a light spot on a fluorescent screen of a Braun tube. What kind of the energy of the electron beam changes into the energy of light emitted from the light spot?
Choose the correct one from the following ①～⑥. ☐5

① electric energy   ② kinetic energy   ③ potential energy
④ chemical energy   ⑤ energy of light   ⑥ nuclear energy

II Read the following **A** and **B**, and answer the questions from **Q1** to **Q5** below.

A A body of mass M is placed on a horizontal table and is attached to one end of a spring of elastic constant k. The other end of the spring is pulled horizontally. The coefficient of static friction between the body and the table is μ, the coefficient of kinetic friction between the body and the table is μ', and the acceleration due to gravity is g.

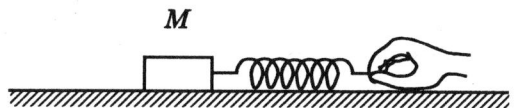

Q1 Pulling the spring gradually, the body starts to move when the spring is stretched an amount ℓ beyond its normal unextended length. Derive an expression of μ. Choose the correct one from the following ①~④. **6**

① $M-k$ ② $\dfrac{k\ell}{Mg}$ ③ $\sqrt{\dfrac{Mg}{k\ell}}$ ④ $\sqrt{Mg-k\ell}$

Q2 Find the magnitude of acceleration of the body just after the motion. Choose the correct one from the following ①~④. **7**

① $k\ell - \mu Mg$ ② $k\ell + \mu Mg$ ③ $\dfrac{k\ell - \mu' Mg}{M}$ ④ $\dfrac{k\ell + \mu' Mg}{M}$

— 145 —

B In the figure shown below, two weights of mass M and m ($M > m$) are attached to the opposite ends of a string which passes over a pulley. The pulley rotates smoothly. The string is nonelastic and the mass of the string is neglected. The tension in the string is T and the acceleration due to gravity is g.

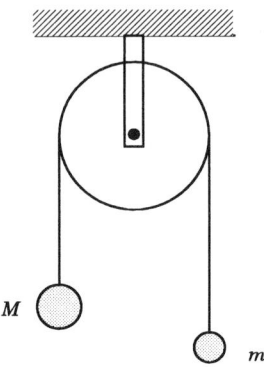

Q3 Find the force acting on the weight of mass M. Here, positive direction is defined as the vertical downward direction.

Choose the correct one from the following ①〜⑤. | 8 |

① $T + Mg$ ② $T - Mg$ ③ $Mg - T$
④ $(M - m)g$ ⑤ $(M - m)g - T$

Q4 Release the weights gently. When the weight of mass M falls the distance ℓ, its speed becomes v. Derive an expression of v?

Choose the correct one from the following ①〜⑤. | 9 |

① $\sqrt{2g\ell}$ ② $\sqrt{2(M-m)g\ell}$ ③ $\sqrt{\dfrac{2mg\ell}{M+m}}$

④ $\sqrt{\dfrac{2Mg\ell}{M+m}}$ ⑤ $\sqrt{\dfrac{2(M-m)g\ell}{M+m}}$

Q5 Derive an expression of the tension T.

Choose the correct one from the following ①〜④. | 10 |

① $\dfrac{Mm}{M-m}g$ ② $\dfrac{2Mm}{M-m}g$ ③ $\dfrac{2Mm}{M+m}g$ ④ $\dfrac{Mm}{M+m}g$

III   Answer the following questions from **Q1** to **Q3**.

Q1   A wave changes with space and time. The wave is expressed as a function of the position x and the time t by $y_1 = a \sin\left(\frac{2\pi}{T}t - \frac{2\pi}{\lambda}x\right)$. Here, a is the amplitude, λ is the wave length, and T is the period. The wave moves to the positive direction of x at a speed $v = \frac{\lambda}{T}$. And, a wave which moves to the opposite direction with the same speed is expressed by $y_2 = a \sin\left(\frac{2\pi}{T}t + \frac{2\pi}{\lambda}x\right)$. These two waves are superposed. Choose the correct one from the following ①~④.   **11**

① The superposed wave moves to the positive direction of x, because the strength of y_1 is stronger than that of y_2.

② A stationary wave of amplitude $2a$ is formed along the x-direction, and the displacement of the loop changes with time.

③ A stationary wave of amplitude $2a$ is formed along the x-direction, and the superposed wave does not change with time.

④ The superposed wave moves to the negative direction of x, because the strength of y_2 is stronger than that of y_1.

Q2   A sound source moves with speed v_s and an observer moves with speed v_o on a straight line. Here, the positive direction is defined as the direction from the sound source to the observer. The sound speed is V. The sound source emits a sound wave of frequency f_s, and the observer hears a sound of frequency f_o.
Considering an invariant quantity common to the sound source and the observer, find the correct relation from ①~④.   **12**

① $\frac{V - v_s}{f_s} = \frac{V - v_o}{f_o}$

② $\frac{V - v_s}{f_o} = \frac{V - v_o}{f_s}$

③ $f_s f_o (V - v_s) = (V - v_o)$

④ $V - v_s = f_s f_o (V - v_o)$

Science—6

Q3 In the figure below, a ray of light passes from a medium to the air with refraction. What is the refractive index of the medium with respect to the air? Choose the most appropriate one from the following ①〜⑤.

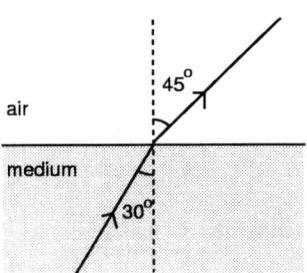

① 0.50 ② 0.71 ③ 1.4 ④ 1.7 ⑤ 2.0

Science—7

IV An in the figure shown below, a capacitor consists of two parallel plates of area S separeted by a distance d_0. Each plate of the capacitor is charged with electric charges $Q(>0)$ and $-Q$. The dielectric constant of the vacuum is ε_0. Answer the following questions from **Q1** to **Q6**.

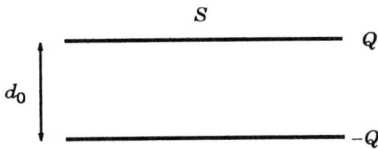

Q1 When no dielectrics are present within the capacitor, find the capacitance C.
Choose the correct one from the following ①～④. $\quad C=\boxed{14}$

① $\dfrac{\varepsilon_0 d_0}{S}$ ② $\dfrac{\varepsilon_0}{d_0 S}$ ③ $\dfrac{\varepsilon_0 S}{d_0}$ ④ $\varepsilon_0 d_0 S$

Q2 Find the potential difference V_0 between the plates.
Choose the correct one from the following ①～⑤. $\quad V_0=\boxed{15}$

① $\dfrac{d_0 Q}{\varepsilon_0 S}$ ② $\dfrac{\varepsilon_0 S}{d_0 Q}$ ③ $\dfrac{d_0 S}{\varepsilon_0 Q}$ ④ $\dfrac{d_0 QS}{\varepsilon_0}$ ⑤ $\dfrac{QS}{\varepsilon_0 d_0}$

Q3 What is the magnitude of the electric field E_0 between the plates?
Choose the correct one from the following ①～⑦. $\quad E_0=\boxed{16}$

① $\dfrac{Q}{S}$ ② $\dfrac{Q}{2S}$ ③ $\dfrac{Q}{\varepsilon_0 S}$ ④ $\dfrac{Q}{2\varepsilon_0 S}$ ⑤ $\dfrac{\varepsilon_0 Q}{S}$ ⑥ $\dfrac{\varepsilon_0 Q}{2S}$ ⑦ 0

Science—8

Q4 An in the figure shown below, a parallel-plate conductor of thickness $d\,(< d_0)$ with no charge is inserted into the capacitor, keeping the total charge Q constant. What is the magnitude of the electric field in the conductor?

Choose the correct one from ①〜⑦ below.

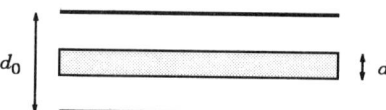

① $\dfrac{Q}{S}$ ② $\dfrac{Q}{2S}$ ③ $\dfrac{Q}{\varepsilon_0 S}$ ④ $\dfrac{Q}{2\varepsilon_0 S}$ ⑤ $\dfrac{\varepsilon_0 Q}{S}$ ⑥ $\dfrac{\varepsilon_0 Q}{2S}$ ⑦ 0

Q5 In the situation that the conductor is inserted as Q4, find the capacitance of the capacitor.

Choose the correct one from the following ①〜⑧. $\boxed{18}$

① $\dfrac{\varepsilon_0 S}{d_0}$ ② $\dfrac{Q}{\varepsilon_0 d_0}$ ③ $\dfrac{\varepsilon_0 Q}{d_0}$ ④ $\dfrac{\varepsilon_0 S^2}{d_0 Q}$

⑤ $\dfrac{\varepsilon_0 S}{d_0 - d}$ ⑥ $\dfrac{Q}{\varepsilon_0 (d_0 - d)}$ ⑦ $\dfrac{\varepsilon_0 Q}{d_0 - d}$ ⑧ $\dfrac{\varepsilon_0 S^2}{(d_0 - d)Q}$

Q6 The following descriptions refer to the characteristics of the capacitor with the inserted conductor.

Choose the *unsuitable* one from the following ①〜④. $\boxed{19}$

① The capacitor with the conductor is equivalent to two capacitors in series connection.

② The capacitance increases due to the insertion of the conductor.

③ The total charge Q is invariant.

④ The electrostatic energy increases due to the insertion of the conductor.

V Answer the following questions from **Q1** to **Q3**.

Q1 The mass of an electron is 9.1×10^{-31} kg. The mass of 6.0×10^{26} protons is 1 kg. Calculate the ratio of the proton to electron mass.

Choose the most appropriate one from the following ①～⑥. $\boxed{20}$

① 18   ② 54   ③ 180   ④ 540   ⑤ 1800   ⑥ 5400

Q2 A proton in resting state is accelerated by a potential difference V, and attains the speed v_1. An α particle in resting state is also accelerated by the potential difference V, and attains the speed v_2. What is the value of $\left(\dfrac{v_1}{v_2}\right)^2$?

Choose the most appropriate one from the following ①～⑤. $\boxed{21}$

① $\dfrac{1}{4}$ ② $\dfrac{1}{2}$ ③ 1   ④ 2   ⑤ 4

Q3 According to the hypothesis of light quanta,

'Light behaves like a "particle," and its number is countable.'

Find an expression of the energy of the "particle." (The Planck constant h; wave length λ; frequency ν)

Choose the correct one from the following ①～⑥. $\boxed{22}$

① $h\lambda\nu$ ② $h\lambda$ ③ $h\nu$ ④ $\dfrac{h}{\lambda}$ ⑤ $\dfrac{h}{\nu}$ ⑥ $\dfrac{h}{\lambda\nu}$

End of Physics questions. Leave numbers $\boxed{23}$ ～ $\boxed{60}$ on your answer sheet blank.

Chemistry

Marking Your Selected Category

You need to indicate the science category (Physics, Chemistry, Biology) that will be answered with this answer sheet. As shown in the example on the right, if you are responding to the Chemistry questions, circle the label "Chemistry" and completely blacken the circle under the label. If you do not properly blacken the appropriate circle, your answers will not be graded.

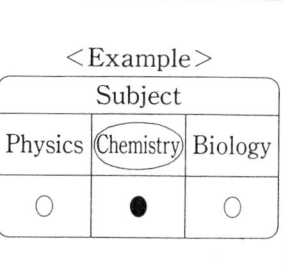

Use the following figures.

Gas constant: $R = 0.082 \text{ atm} \cdot \ell/(\text{K} \cdot \text{mol})$

Faraday constant: $F = 9.65 \times 10^4$ C/mol

Atomic weight   H: 1.0   C: 12   Cl: 35.5   N: 14   O: 16   S: 32   Ag: 108

Q1 Descriptions A~C refer to characteristics of the molecules a)~c) respectively.

Choose the correct combination of characteristics and descriptions from ①~⑥ in the Table below. **1**

A. The material has an unshared electron pair.

B. The material has two unshared electron pairs.

C. The material has no polarity.

a) CO_2

b) H_2O

c) NH_3

Table

	A	B	C
①	a	b	c
②	a	c	b
③	b	a	c
④	b	c	a
⑤	c	a	b
⑥	c	b	a

Science—12

Q2 Descriptions a)~e) refer to the experimental procedures to evolve a certain gas, respectively. Answer the following questions (1) and (2).

a) Hydrochloric acid solution is added to calcium carbonate.

b) Concentrated hydrochloric acid is added to manganese(IV) oxide and then heated.

c) Calcium hydroxide is mixed with ammonium chloride and then heated.

d) Small amount of metallic sodium is added to ethanol.

e) Hydrochloric acid solution is added to iron(II) sulfide.

(1) Which reaction evolves gas with the largest molecular weight? Choose the correct answer from ①~⑤. | 2 |

① a   ② b   ③ c   ④ d   ⑤ e

(2) The alkaline solution is obtained when the evolved gas is dissolved in water. From which reaction did this gas evolve? | 3 |

① a   ② b   ③ c   ④ d   ⑤ e

Science—13

Q3 Answer questions (1) and (2) for the descriptions of oxidation−reduction reaction.

(1) Following substance, ①〜⑤, is added to the acidic solution of potassium permanganate with sulfuric acid. Which substance keeps the color of permanganate ion? 　　　　　　　　　　　　　　　　　　　　　　　　　　　　　　　　　　　　 **4**

　① $H_2C_2O_4$　② $FeSO_4$　③ H_2O_2　④ Na_2SO_4　⑤ H_2S

(2) In the reaction where the color of permanganate ion disappears, the oxidation number of manganese atom is changed from +7 to ☐. Choose the correct answer for ☐ from ①〜⑥.　　　　　　　　　　　　　　　　　　　　　　　　**5**

　① −3　② −2　③ 0　④ +2　⑤ +6　⑥ +8

Q4 Two different precipitates were formed when a small amount of aqueous ammonia was added to the solution containing two different metal ions. Then the precipitates were dissolved by further addition of aqueous ammonia.

Choose a combination of metal ions in the solution from ①〜⑥.　　　　　**6**

　① Cu^{2+}, Al^{3+}　　② Cu^{2+}, Fe^{3+}　　③ Al^{3+}, Zn^{2+}
　④ Al^{3+}, Fe^{3+}　　⑤ Zn^{2+}, Fe^{3+}　　⑥ Cu^{2+}, Zn^{2+}

Q5 Choose a substitution reaction from the following reactions ①〜⑥.　　**7**

　① nitrobenzene　⟶　aniline
　② toluene　⟶　benzoic acid
　③ protein　⟶　amino acid
　④ ethanol　⟶　acetaldehyde
　⑤ benzene　⟶　bromobenzene
　⑥ vinyl chloride　⟶　poly (vinyl chloride)

Science—14

Q6 Since this question had a fault, it was deleted and excluded from scoring.

Q7 Answer the questions (1) and (2).

3850 kJ heat was obtained by complete combustion of a mixed gas with hydrogen and methane of 112 ℓ at 0°C and 1 atm. The heats of combustion of hydrogen and methane are 286 kJ/mol and 891 kJ/mol, respectively.

(1) How many times of heat is obtained by complete combustion of the hydrogen gas for that of methane, at same volume, pressure, and temperature? Choose the most suitable numerical number from ①〜⑥. |10|

① 0.15   ② 0.30   ③ 1.3   ④ 1.6   ⑤ 3.1   ⑥ 6.2

(2) How many percentage of the methane was included in the mixed gas before the combustion? Choose the most suitable answer from ①〜⑧. |11|

① 4.0%   ② 10%   ③ 20%   ④ 40%   ⑤ 50%   ⑥ 60%   ⑦ 80%   ⑧ 90%

Q8 Answer the questions (1) and (2) for the following organic compounds ①～⑥.

　　　① aniline
　　　② benzoic acid
　　　③ styrene
　　　④ toluene
　　　⑤ nitrobenzene
　　　⑥ phenol

(1) Choose one of the most suitable compound conformed to both terms of (a) and (b), from ①～⑥.　　　|12|

　　(a) The compound contains nitrogen atom.
　　(b) The compound is obtained by the reaction of a mixture of concentrated nitric acid and sulfuric acid.

(2) Choose one of the most suitable compound conformed to both terms of (c) and (d), from ①～⑥.　　　|13|

　　(c) The compound contains double bond as functional group.
　　(d) Addition polymerization is used as an reaction to derive a polymer from this compound.

Q9 Choose one which involves incorrect term of underline from the following sentences ①～⑥.

① The monosaccharide is obtained by hydrolysis of starch.

② A glycerol and higher fatty acid are obtained by oxidation of fats and oils.

③ An amino acid includes both of amino group and carboxyl group.

④ A raw rubber is high molecular compound which involves polyisoprene structure.

⑤ The 6, 6-nylon is one of the high-molecular compound with amide linkage.

⑥ The poly(ethylene terephthalate) is the compound formed by ester linkage.

Q10 Figure 1 shows vapor pressure curves of (a) water, (b) methanol, and (c) diethyl ether, respectively. Answer the questions (1) ～ (3).

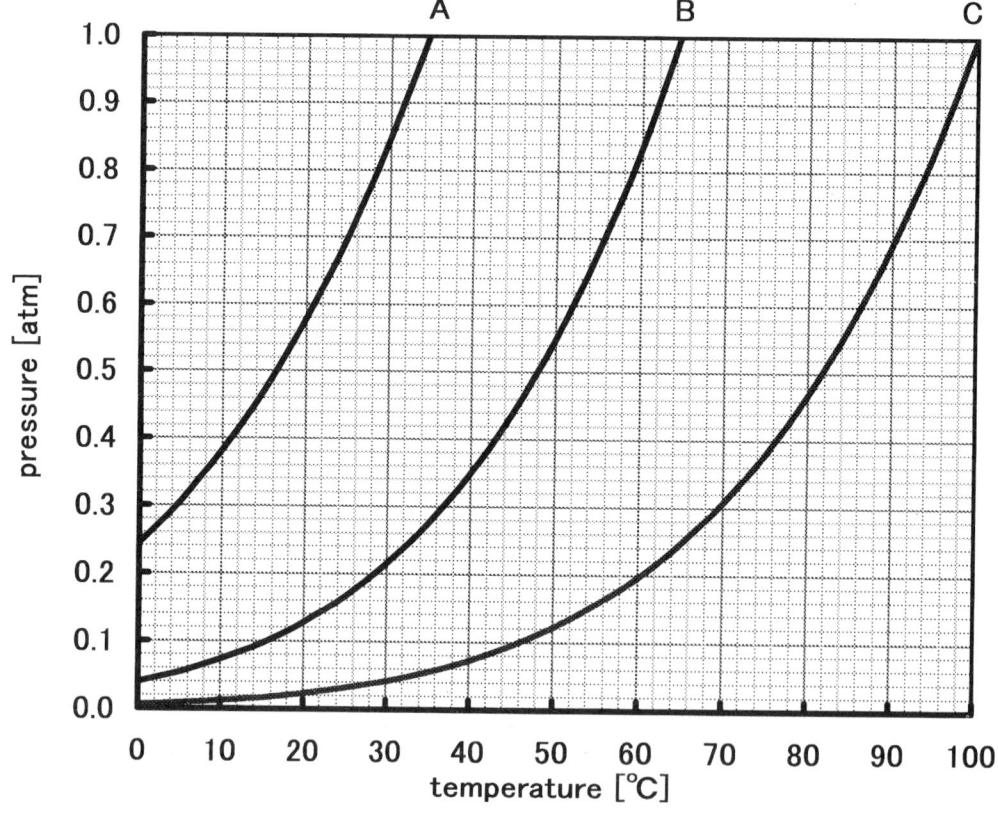

Figure 1

(1) Choose a correct combination of A~C and a~c, from ①~⑥. $\boxed{15}$

Table

	A	B	C
①	a	b	c
②	a	c	b
③	b	a	c
④	b	c	a
⑤	c	a	b
⑥	c	b	a

(2) What is the boiling point (°C) of methanol at Mt. Fuji top (atmospheric pressure = 0.62 atm)? Choose an appropriate temperature. $\boxed{16}$

① 22°C   ② 34°C   ③ 53°C   ④ 64°C   ⑤ 87°C   ⑥ 100°C

(3) What is the weight of 5.6 ℓ of the gas (c) at its boiling point, under 1 atm? $\boxed{17}$

① 0.22 g   ② 0.68 g   ③ 1.1 g   ④ 2.0 g
⑤ 14 g   ⑥ 16 g   ⑦ 19 g   ⑧ 51 g

Q11 Ammonia is synthesized under high pressure and temperature, in the presence of catalysis. The reaction is represented in thermochemical equation, as shown below.

$$N_2 + 3H_2 = 2NH_3 + 92.0 \text{ kJ}$$

Choose the most appropriate sentence from ①～⑤. $\boxed{18}$

① Amount of ammonia increases when temperature is increased, because it is an exothermic reaction.

② Amount of ammonia increases under higher pressure, because the equilibrium shifts to the right.

③ Amount of ammonia increases, because the rate of ammonia decomposition decreases by the presence of catalysis.

④ Catalysis slows down the rate of ammonia decomposition.

⑤ The activation energy of this reaction changes with different amount of catalysis used.

Q12 The electrolysis was carried out in an apparatus as shown in Figure 2. The electrolytic cell 1 contains dilute sulfuric acid solution, and cell 2 contains silver nitrate solution. The electrode C increased by 4.32 g, after the direct current passed through the electrolysis with platinum electrodes, A~D.

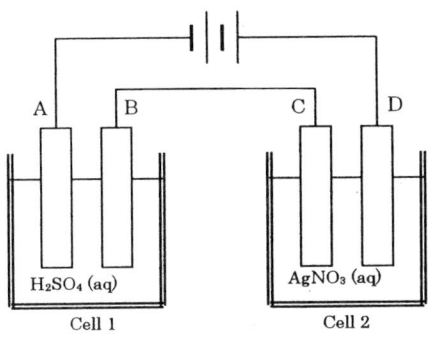

Figure 2

(1) How much electric charge (in coulomb) passed through in this electrolysis? Choose the most suitable answer from ①~⑦. **19**

① 2.06×10^2 C   ② 3.86×10^2 C   ③ 1.93×10^3 C   ④ 3.86×10^3 C
⑤ 6.72×10^3 C   ⑥ 7.72×10^3 C   ⑦ 2.23×10^4 C

(2) What is the volume of the gas evolved from electrode A, at 0°C and 1 atm? Choose the most suitable answer from ①~⑥. Neglect the solubility of the gas in the solution. **20**

① 0.224 ℓ   ② 0.448 ℓ   ③ 0.896 ℓ   ④ 2.24 ℓ   ⑤ 4.48 ℓ   ⑥ 8.96 ℓ

End of Chemistry questions. Leave numbers **21** ~ **60** on your answer sheet blank.

Biology

Marking Your Selected Category

You need to indicate the science category (Physics, Chemistry, Biology) that will be answered with this answer sheet. As shown in the example on the right, if you are responding to the Biology questions, circle the label "Biology" and completely blacken the circle under the label. If you do not properly blacken the appropriate circle, your answers will not be graded.

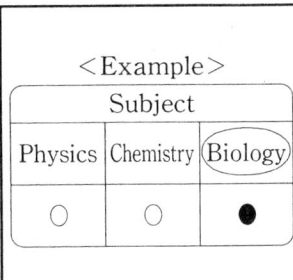

1. Of the following sets of cell organelles in ①-⑤ below, select the one set whose members all have double membranes. ☐1

   ① Nucleus, mitochondrion, Golgi body
   ② Mitochondrion, central body, vacuole
   ③ Chloroplast, Golgi body, vacuole
   ④ Chloroplast, mitochondrion, nucleus
   ⑤ Chloroplast, nucleus, Golgi body

2. The following graph shows the change over time in the relative volume of a certain plant cell that was placed in a 1 mol/l aqueous solution of sucrose. Referring to this graph, answer questions (1) and (2) below.

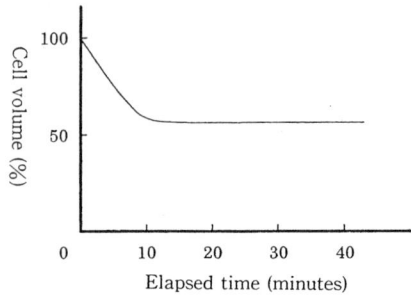

(1) Compared with the 1 mol/l aqueous solution of sucrose, what was the state of the cell's osmotic pressure before it was placed in the solution? Select the one correct answer from ①-③ below.　　　　　　　　　　　　　　　　　　　　　　　　　　　　　2

① Hypotonic
② Isotonic
③ Hypertonic

(2) What can be observed in the cell through a microscope at 40 minutes into the experiment? Select the one correct answer from ①-④ below.　　　　　3

① Hemolysis
② Deplasmolysis
③ Plasmolysis
④ Protoplast

3. Each of blanks 1 - 3 in the following passage is to be filled with one of the terms given in the term list below. Referring to the letter keys (a - i) of the term list, select the one set of terms that correctly completes the passage from sets ①-⑥ below. The set must be in the same order as the blanks (1, 2, 3). | 4 |

Enzymes hold a lock-and-key relationship with substrates, whereby an enzyme promotes the chemical reaction of a particular substrate. This property is called (1). Since the prime constituent of enzymes is (2), exposing an enzyme to high temperatures will lead to heat-induced denaturation, and thereby alter the enzyme's (3) and destroy the enzyme's ability to connect with the substrate.

Term list

a. Double-membrane structure
b. Double-helix structure
c. Three-dimensional structure
d. Lipid
e. Complementation
f. Protein
g. Sugar
h. Substrate specificity
i. Allosteric

① e - d - a   ② h - f - c   ③ e - f - c   ④ h - d - b
⑤ i - f - c   ⑥ i - g - a

4. Aerobic respiration makes use of gaseous oxygen (O_2). When glucose is used for the respiratory substrate, it is possible to divide aerobic respiration into the processes of the Embden-Meyerhof pathway, the citric acid cycle, and the electron transport system. Which of these three processes makes use of gaseous oxygen? Select one answer from ① -⑦ below.

&boxed;5

① Only the Embden-Meyerhof pathway uses oxygen.
② Only the citric acid cycle uses oxygen.
③ Only the electron transport system uses oxygen.
④ The Embden-Meyerhof pathway and the citric acid cycle both use oxygen.
⑤ The Embden-Meyerhof pathway and the electron transport system both use oxygen.
⑥ The citric acid cycle and the electron transport system both use oxygen.
⑦ The Embden-Meyerhof pathway, the citric acid cycle, and the electron transport system all use oxygen.

5. The following chart indicates the process of spermatogenesis. Which of the sets gives the correct chromosome number of each cell? Select one answer from ①-⑤ below.

&boxed;6

Primary spermatocyte → secondary spermatocyte → spermatid → sperm

	Primary spermatocyte	Secondary spermatocyte	Spermatid	Sperm
①	2 n	2 n	n	n
②	4 n	2 n	2 n	n
③	2 n	n	n	n
④	n	n	n	n
⑤	2 n	2 n	2 n	n

6. Statements a - f below concern the development of the sea urchin. Select the correct pair of statements from ①-⑤ below. [7]

a. The gastrula stage is followed by the formation of the neural tube.
b. The egg is telolecithal, having a large amount of yolk on one side.
c. The blastopore created in the gastrula eventually becomes the mouth.
d. Two germ layers, the ectoderm and the mesoderm, are formed in the gastrula.
e. In the blastula, a single stratum of cells surrounds a cavity, the blastocoel.
f. In the blastula stage, the individual hatches through the fertilization membrane, and is then able to propel itself through water using cilia.

① a, c   ② a, f   ③ b, e   ④ c, d   ⑤ e, f

7. A couple has four children. Two of the children are blood type A, one is B, and one is O. What are the blood types of the parents? Select the correct pair from ①-⑤ below. [8]

① AB x AB   ② B x AB   ③ A x AB   ④ A x B   ⑤ O x AB

8. The chromosomal makeup of humans can be expressed as 2n=2A+XX for females, and 2n=2A+XY for males. Under this system, how would the chromosomal makeup of the ovum and the sperm be represented? Select one answer from ①-⑤ below. [9]

	Ovum	Sperm
①	A+X	A+X or A+Y
②	A+X or A+Y	A+X
③	A+Y	A+X or A+Y
④	A+X or A+Y	A+Y
⑤	A+X or A+Y	A+X or A+Y

A: Autosome   X&Y: Sex chromosome

9. The diagram below schematically shows the process of protein formation in the cytoplasm using the genetic information contained in nuclear DNA. Referring to this diagram, answer questions (1)-(4) below.

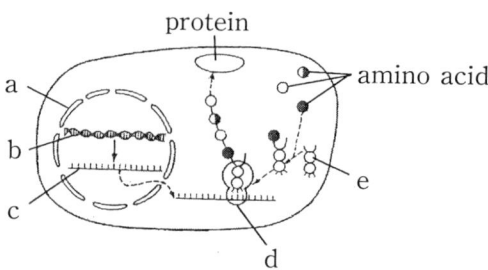

(1) Select the one set from ①-⑤ below that correctly gives the names of items "c," "d," and "e" in the diagram. ⑩

	c	d	e
①	messenger RNA	ribosome	transfer RNA
②	transfer RNA	messenger RNA	ribosome
③	transfer RNA	ribosome	messenger RNA
④	DNA	transfer RNA	ribosome
⑤	messenger RNA	transfer RNA	ribosome

(2) Select the one answer from ①-⑤ below that describes the nature of item "e" in the diagram. ⑪

① It is the result of transcription of genetic information.

② It holds genetic information, and is replicated prior to cellular division.

③ It has a double membrane.

④ It combines with amino acids, and has an anticodon.

⑤ It is formed from RNA and protein.

(3) Select the one correct statement about DNA-based synthesis of RNA from ①-④ below. ⟦12⟧

① Only one of the two strands of DNA is used.

② DNA base and RNA base are of the same type.

③ A DNA triplet corresponds with one RNA base.

④ Thymine in RNA corresponds with adenine in DNA.

(4) What is the name of the process whereby protein is formed from item "c" in the diagram? Select one answer from ①-④ below. ⟦13⟧

① Transcription   ② Replication   ③ Translation   ④ Repair

10. Each of statements "a"-"c" below is about a particular part of the central nervous system. Select the one set from ①-⑤ that correctly gives the name of the part described by each statement. ⟦14⟧

a. It contains the center of reflex activities for maintaining the body's equilibrium, and it adjusts posture during movement.

b. It contains the autonomic nerve center, and it functions as the center for regulating body temperature and sleep.

c. Its inner portion contains gray matter, and it serves as the center for reflex activities related to the sinews, perspiration, etc.

	a	b	c
①	medulla oblongata	cerebellum	mesencephalon
②	cerebellum	interbrain	spinal cord
③	interbrain	medulla oblongata	mesencephalon
④	mesencephalon	interbrain	spinal cord
⑤	spinal cord	cerebellum	medulla oblongata

11. The formed elements of blood include red blood cells, white blood cells, and blood platelets. Select the one set of statements that correctly describe the characteristics of each constituent from ①-⑤ below. 15

a. One cubic millimeter of blood contains 4.5 to 5 million units of it, making it the most common corporeal constituent.
b. Produced in bone marrow, it is shaped like a cell fragment and lacks a nucleus.
c. It contains the red pigment hemoglobin, and transports oxygen.
d. One cubic millimeter of blood contains roughly 7,000 units of it, and it ingests bacteria and other matter.
e. Produced in bone marrow, it is disk-shaped and lacks a nucleus.
f. It contributes to blood coagulation.

	Red blood cells	White blood cells	Blood platelets
①	a b c	d e	f
②	a c	b f	d e
③	a c e	d	b f
④	b e	a f	c d
⑤	c d e	a b	f

12. Each of statements "a"–"f" below is about the functioning of the pancreas or the liver. Select the set of statements that correctly describe the functioning of each organ from ① –⑤ below. $\boxed{16}$

a. It takes glucose in the blood and stores it as glycogen.
b. It releases a hormone that reduces the blood glucose level.
c. It synthesizes urea from the ammonium ions that result from the breakdown of protein.
d. It releases an enzyme that breaks down starch into maltose.
e. It performs detoxication.
f. It generates body heat.

	Pancreas	Liver
①	a d e	b c f
②	a e	b c d f
③	a e f	b c d
④	b c d	a e f
⑤	b d	a c e f

13. From statements ①–⑤ below concerning flower bud formation, select the one statement that is FALSE. $\boxed{17}$

① Flower bud formation is not always the result of photoperiodic response in all plants.
② In short-day plants, flower buds form when the length of day becomes shorter than the length of night.
③ Photoperiodic stimulation is captured by the leaves.
④ The flowering hormone needed for the formation of flower buds is thought to be produced during periods of darkness.
⑤ If the branch of a short-day plant that has been short-day treated is grafted onto a separate individual of the same species that has been raised under long-day conditions, both the branch and the host plant will form flower buds.

14. Of statements ①-⑤ below concerning the appearance of land plants on the earth in the process of evolution, select the one statement that is most appropriate. $\boxed{18}$

① Oxygen (O_2) became present in the atmosphere because of the rise of land plants and their ability to perform photosynthesis.

② Seed-producing individuals appeared among algae existing in water, and became the first land plants.

③ Because of the commonality of their chlorophyll types, it is thought that land plants evolved from chlorophyll C-bearing brown algae (phaeophytes).

④ The vascular bundle system developed as a structure suited for existence on land.

⑤ Land plants appeared after the development of soil and the beginning of animal life on land.

End of Biology questions. Leave numbers $\boxed{19}$ ~ $\boxed{60}$ on your answer sheet blank.

Question Booklet

2002 Examination for Japanese University Admission
for International Students

Japan and the World
(80min.)

I. Important Rules and Information

1. Do not open this question booklet until permission to start the test has been given.
2. This question booklet has 21 pages.
3. You must mark your answers on the answer sheet with an HB pencil.
4. You may write notes in the margins of the question booklet.
5. You may not leave the room with this question booklet, even after the test is over.
6. Write your name and examination registration number in space provided below, in the same way that they appear on your examination admission card.

II. Answering Method

1. One of the row numbers $\boxed{1}$, $\boxed{2}$, $\boxed{3}$, ··· is provided for each question. Follow the instruction in the question and completely blacken your answer in the corresponding row of the answer sheet (mark-sheet).
2. Carefully read the instructions on the answer sheet too.

| Examination registration number | | Name | |

Japan and the World—1

Question 1   Read the following passage on global environmental problems and answer the questions (1)-(4) below.

In recent years, the destruction of the environment such as ₁acid rain, global warming, and desertification has been intensified on a global scale. Among the factors behind the growing seriousness of these global environmental problems are the heightening of economic activity and ₂the explosive population growth on a global scale. Global environmental problems cannot be addressed by one country alone. All countries are required to cooperate to solve the problems.

(1) What are the possible main substances that cause the underlined phrase 1 "acid rain, global warming?" Choose from the following choices ①-④ the correct combination of the substances. | 1 |

	Acid rain	Global warming
①	Nitrogen oxides	Carbon dioxide
②	Sulfur oxides	Carbon dioxide
③	Carbon dioxide	Nitrogen oxides
④	Carbon dioxide	Sulfur oxides

Nitrogen oxides : NO_x, Carbon dioxide : CO_2, Sulfur oxides : SO_x

(2) Choose from the following choices ①-④ the statement which correctly explains the underlined phrase 2 "the explosive population growth." | 2 |

① Population growth is more remarkable in developing countries than in developed countries, because an underlying factor is economic impoverishment.

② Population growth is more remarkable in developed countries than in developing countries, because an underlying factor is an increase in income.

③ Population growth is more remarkable in developing countries than in developed countries, because an underlying factor is an influx of immigrants.

④ Population growth is not an economic problem, because an underlying factor is religion.

Japan and the World—2

(3) In the Netherlands, the problem of global warming is taken as critical matter pertaining to national security. Choose from the following choices ①-④ the statement which correctly explains this situation. ☐ 3

① Because of the increase in the number of skin cancer patients.
② Because of the adverse affects on agriculture.
③ Because of the threat of coastal inundation.
④ Because of the destruction of forests.

(4) A declaration was adopted at the United Nations Conference on Environment and Development (Earth Summit) in 1992. Choose from the following choices ①-④ the statement which correctly identifies the content of the declaration. ☐ 4

① In order to stop the spread of global environmental damage, all countries should make efforts to slow population growth.
② In order to preserve the remaining environment, development projects in developing countries should be slowed.
③ In order to allow all countries to continue economic development, the standards of environmental protection should be loosened.
④ Economic activities should be so managed that future generations will be able to enjoy the benefit of global environment.

Question 2 The following graph shows changes in the percentage of working population by industrial sector in Japan. Referring to the graph, answer the questions (1)-(3) below.

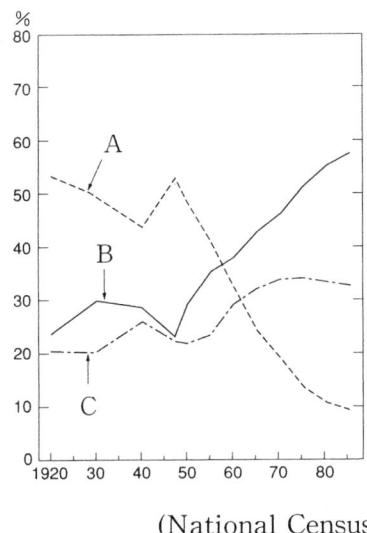

(National Census)

(1) Choose from the following choices ①-④ the combination of the industrial sectors which correspond to the graph A-C. [5]

	A	B	C
①	Primary	Secondary	Tertiary
②	Secondary	Tertiary	Primary
③	Primary	Tertiary	Secondary
④	Secondary	Primary	Tertiary

(2) Choose from the following choices ①-④ the statement which correctly describes the graph. [6]

① People engaged in agriculture are increasing.

② People engaged in service industry have decreased sharply.

③ People engaged in fishery are increasing.

④ The increase of the people engaged in manufacture stopped by the oil crisis.

(3) According to the graph, we can see that the industrial structure greatly changed between 1960 and 1970. Choose from the following choices ①-④ the statement which correctly identifies the phenomena behind this graph. | 7 |

① Increasing number of people left farming and sought jobs in cities.
② Increasing number of people left factories and sought jobs in the countryside.
③ Increasing number of people left farming and sought jobs in the coastal areas.
④ Increasing number of people left factories and sought jobs in mountain areas.

Question 3 Choose from the following choices ①-④ the combination of the words which correctly fills the blanks (a)-(c) in the following passage. | 8 |

An economy in which companies and families produce and trade with goods through free competition is called a market economy. Under a market economy, the volume of sales is determined by the price in the market (market price). When supply is short and demand is great, the market price (**a**). If the market price (**a**), producers can expect to make a profit and they (**b**) production. If supply increases, the market price (**c**). If the market price (**c**), producers will receive less profit and decrease the supplies.

	(a)	(b)	(c)
①	goes up	increase	goes down
②	goes up	decrease	goes down
③	goes down	increase	goes up
④	goes down	decrease	goes up

Question 4 Concerning the relationship between consumer prices and wages, answer the questions (1)–(3) below.

(1) The following graph shows the changes in consumer prices and wages between 1966 and 1987 in Japan. Choose the statement which is a correct interpretation of the graph from the choices ①–④ below. |9|

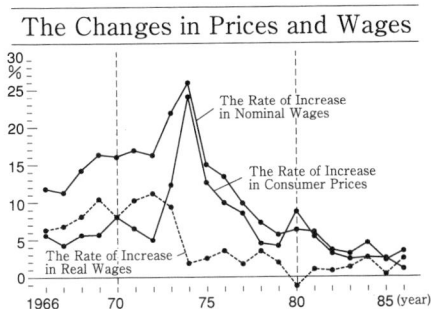

(Masamura Kimihiro, *Zusetsu Sengo-shi (Illustration of Post-World-War-II History)*, Chikuma Shobo)

① The prime cause of the rise of consumer prices in the latter half of the 1960s was the rise in nominal wage.

② Because consumer prices rose sharply in 1973-74, the effect of the rise of nominal wages decreased and real wages went down.

③ Because the rise in consumer prices overtook the rise in nominal wages in 1980, the livelihood of wage earners became more comfortable than that in earlier times.

④ The prime cause of the rise of real wages in 1986 was the rise in nominal wages.

(2) Choose from the following choices ①-④ the statement which correctly describes the relationship between nominal wages, real wages, and consumer prices. 10

① If nominal wages remain stable and consumer prices go down, real wages will go up.

② If consumer prices remain stable and nominal wages go down, real wages will go up.

③ If nominal wages remain stable and consumer prices go down, real wages will go down.

④ If consumer prices remain stable and nominal wages go up, real wages will go down.

(3) Choose from the following choices ①-④ the example in which real wages go up. 11

① As the price of vegetables goes up, a worker's salary is no longer sufficient.

② As clothing price and electricity charge go down, a worker's salary is able to buy more than before.

③ An employer in a company is promoted and wages increase, but taxes increase as well.

④ Although sales go down and wages decrease, the success of the investment in stocks allows the income to rise.

Question 5 Choose from the following choices ①-④ the statement which appropriately explains the effects of a strong yen. ☐12

① Due to a strong yen, the sticker price of imports in yen will go down and imports into Japan will increase.

② Due to a strong yen, Japan's trade surplus will temporarily decrease, but it will increase in the long run.

③ A strong yen will bring on a slump in the domestic economy, but it will increase foreign direct investment in Japan.

④ Due to a strong yen, the sticker price of exports in foreign currencies will go up, and the exports from Japan will increase.

Question 6 Choose from the following choices ①-④ the statement which correctly describes the relation between a company and its stockholder. ☐13

① A stockholder can receive interest at a fixed rate from the company's profits.

② A stockholder must repay a company's debts in the event that the company goes bankrupt.

③ A stockholder must obtain the permission of the management in the case that he or she wishes to sell stock.

④ A stockholder can exercise voting rights in the approval of the management of the company.

Japan and the World—8

Question 7 Read the following passage and answer the questions (1), (2) below.

The phrase "external diseconomies" refers to the case that an enterprise or a consumer outside the market causes harm to society through production or consumption. For a compensation of external diseconomies, government's measures are often required. These are sometimes provided as "public goods."

(1) Choose from the following choices ①-④ the example which does **not** identify the external diseconomies. ⑭

① Cars are produced in a factory, but not all cars can be sold because of poor economic conditions.

② Hazardous substances are produced in a place where large quantities of industrial wastes are discharged.

③ Due to good economic conditions, a factory operates even at night, resulting in the emission of loud noise during the night.

④ People who buy cigarettes at a railway station shop pollute the air by smoking on the platform.

(2) Choose from the following choices ①-④ the example which correctly identifies the public goods. ⑮

① A resort hotel   ② Water resources   ③ Labor   ④ River embankments

Question 8   Choose from the following choices ①-④ the combination of the words which correctly fills the blanks (a)-(d) in the following chart of the balance of payments. 16

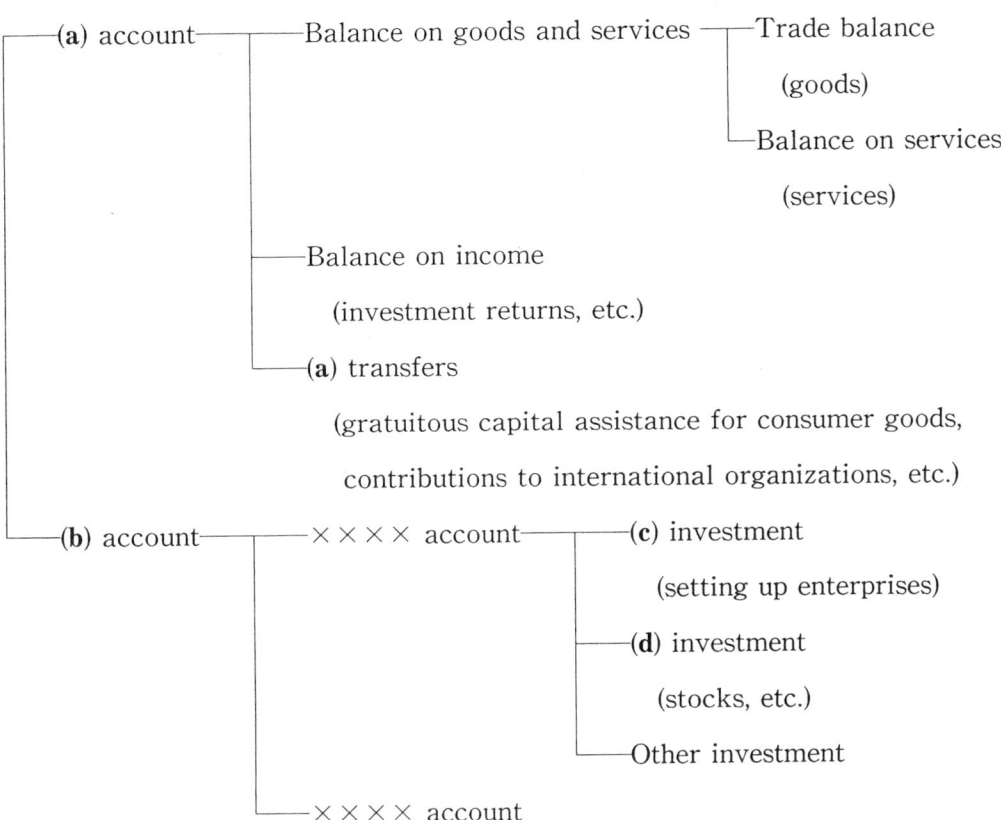

	(a)	(b)	(c)	(d)
①	Current	Capital and financial	Direct	Portfolio
②	Current	Capital and financial	Portfolio	Direct
③	Capital and financial	Current	Direct	Portfolio
④	Capital and financial	Current	Portfolio	Direct

Japan and the World—10

Question 9 Read the following passage on the connection between technological innovation and society, and answer the questions (1), (2) below.

Since the Industrial Revolution, ₁the innovation of technology has taken place twice. Now, by ₂the development of information and communication technology, we are just seeing the emergence of information society.

(1) Choose from the following choices ①-④ the combination of innovations which appropriately corresponds to the underlined phrase 1 "the innovation of technology has taken place twice." | 17 |

	First	Second
①	Steam engine, mechanical loom, railroad	Electricity, radio, internal combustion engine
②	Electricity, radio, internal combustion engine	Nuclear energy, jet propulsion, computers
③	Electricity, radio, internal combustion engine	Steam engine, mechanical loom, railroad
④	Electricity, computer, internal combustion engine	Solar energy, steam engine, radio

(2) Choose from the following choices ①-④ the social change which was provided by the underlined phrase 2 "the development of information and communication technology." | 18 |

① Because workplaces which use information networks had expanded, the number of immigrants and economic refugees has declined.

② Because economic information had been exchanged more actively, movements of capital have increased.

③ Because new communication means other than paper has developed, waste of forest resources has decreased.

④ Because the globalization of economy had advanced, the gap of income between various countries has rapidly diminished.

Question 10 Read the following passage on the utilization of farmland in Japan and answer the questions (1), (2) below.

In the beginning of 20th century, most of the land that was not suited for paddies was utilized for mulberry fields. However, in the latter half of 20th century, the area of mulberry fields decreased gradually.

(1) Choose from the following choices ①-④ the industry which used the products of mulberry leaves. |19|

  ① cotton industry
  ② paper industry
  ③ silk industry
  ④ chemical industry

(2) To which the land that had been mulberry fields was converted primarily in the latter half of 20th century? Choose from the following choices ①-④ the correct one. |20|

  ① paddies   ② fruit orchards   ③ pastures   ④ cotton fields

Question 11 Read the following passage on the city of Nara and answer the questions (1), (2) below.

There are many important historical architectures in the old part of the city that constitute a valuable tourist resource. In western hilly area there are large-scale residential developments and many people commute to Osaka.

(1) Choose from the following choices ①-④ the important historical architectures which can be found in the old part of the city. |21|

  ① high-rise buildings
  ② temples and shrines
  ③ palace buildings
  ④ ruins of castles

Japan and the World—12

(2) Choose from the following choices ①-④ the most available means of transportation which are used by commuters from Nara to Osaka?   22

① plane   ② bicycle   ③ train   ④ ship

Question 12   Referring to the following passage and map, answer the questions (1), (2) below.

Japan is made up of a long and narrow chain of islands.   The islands stretch in a long and narrow line from the northeast to the southwest.   The eastern end of Japan is Minamitori Island (point A on the map, longitude 153°59′E), and the western end is Yonaguni Island (point B on the map, longitude 122°56′E).   The country has only one time zone; the time at longitude 135°E is Japan Standard Time (JST).

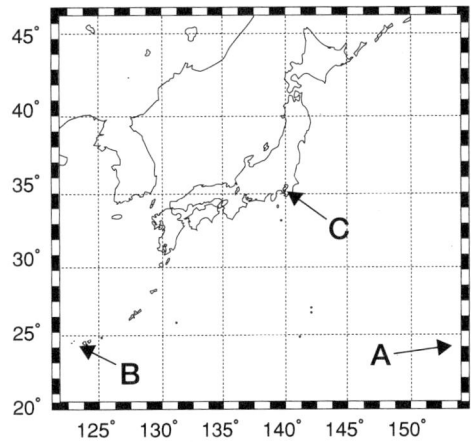

(1) Choose from the following choices ①-④ the statement which appropriately describes the relationship between Tokyo (Point C) and Greenwich Mean Time (GMT).   23

① Tokyo is 9 hours ahead.
② Greenwich Mean Time is 9 hours ahead.
③ Tokyo is 9 hours and 20 minutes ahead.
④ Greenwich Mean Time is 9 hours and 20 minutes ahead.

(2) Choose from the following choices ①-④ the statement which appropriately describes the time of sunrise in Minamitori Island (Point A) and Yonaguni Island (Point B). 　24

① The time of sunrise in Minamitori Island (Point A) is about one hour earlier than Yonaguni Island (Point B).

② The time of sunrise in Minamitori Island (Point A) is about one hour later than Yonaguni Island (Point B).

③ The time of sunrise in Minamitori Island (Point A) is about two hours earlier than Yonaguni Island (Point B).

④ The time of sunrise in Minamitori Island (Point A) is about two hours later than Yonaguni Island (Point B).

Japan and the World—14

Question 13 The following chart shows the characteristics of suffrage for foreigners in various countries. Choose from the following choices ①-④ the statement which appropriately describes the chart. |25|

Country	National level		Local level	
	Voting rights	Eligibility	Voting rights	Eligibility
Sweden	×	×	○	○
Denmark	×	×	○	○
Norway	×	×	○	○
Netherlands	×	×	○	○
Ireland	△	×	○	○
Finland	×	×	○	○
Swiss	×	×	△	△
Spain	×	×	△	△
Iceland	×	×	△	△
United Kingdom	△	△	△	△
France	×	×	×	×
Germany	×	×	×	×
Austria	×	×	×	×
Italy	×	×	×	×
Greece	×	×	×	×
Belgium	×	×	×	×
Luxemburg	×	×	×	×
United States of America	×	×	×	×
Canada	×	×	△	△
New Zealand	○	△	○	△
Japan	×	×	×	×
China	×	×	×	×
South Korea	×	×	×	×
North Korea	×	×	×	×
Philippines	×	×	×	×

○: recognized ×: unrecognized △: recognized partially

(*Chie-zo 2002*, Asahi Shimbun-sha)

① Countries that once held colonies do not recognize the voting rights of foreigner residents.

② In north European countries where national governmental powers are decentralized, there is a trend to recognize the voting rights of foreigners.

③ In countries where there are many foreign workers, it is easy to recognize the voting rights of foreigners.

④ In comparison with the national level, it is more difficult to recognize the voting rights at the local level.

Question 14 Read the following passage and answer the questions (1), (2) below.

According to the Constitution of Japan, the Diet is declared to be the highest organ of state power and the sole (**a**) organ of the state. The Diet is composed of two houses, namely the (**b**) and the (**c**): in budget deliberation, conclusion of treaties, and appointment of the prime minister, <u>the (**b**) is recognized to have higher power.</u>

(1) Choose from the following choices ①-④ the combination of the words which correctly fills the blanks (**a**)-(**c**) in the passage. | 26 |

	(a)	(b)	(c)
①	executive	House of Councillors	House of Representatives
②	executive	House of Representatives	House of Councillors
③	legislative	House of Councillors	House of Representatives
④	legislative	House of Representatives	House of Councillors

(2) Choose from the following choices ①-④ the correct reason of the underlined phrase "the (**b**) is recognized to have higher power." | 27 |

① The members of the (**b**) are elected by election whereas the members of the (**c**) are hereditary.

② The members of the (**b**) are fewer in number than the members of the (**c**).

③ The members of the (**b**) are longer in term of office than the members of the (**c**).

④ The (**b**) can be dissolved and more frequent elections make it easier to reflect the public opinion.

Japan and the World—16

Question 15 The following chronology shows the declarations on human rights adopted by the United Nations. Choose from the following choices ①-④ the combination of the words which correctly fills the blanks (a)-(c) in the chronology.

28

1948 Universal Declaration of Human Rights

1965 (a)

1966 International Covenants on Human Rights

1979 (b)

1989 (c)

	(a)	(b)	(c)
①	Rights of the Child	Discrimination against Women	Racial Discrimination
②	Racial Discrimination	Rights of the Child	Discrimination against Women
③	Racial Discrimination	Discrimination against Women	Rights of the Child
④	Rights of the Child	Racial Discrimination	Discrimination against Women

Rights of the Child: Convention on the Rights of the Child, Discrimination against Women: Convention for Elimination of All Forms of Discrimination against Women, Racial Discrimination: International Convention on the Elimination of All Forms of Racial Discrimination

Question 16 In April 1955 in Bandung, Indonesia, an important international conference was held. Choose from the following choices ①-④ the statement which correctly describes the conference.

29

① Countries in Asia and South America participated.

② Large countries did not participate in the conference.

③ A declaration was resolved to halt national liberation movements.

④ Principles were advocated to oppose to imperialism and colonialism.

Question 17 Referring to the following graph, choose from the following choices ①-④ the correct reason why changes took place in the proportion of owner-cultivated land and tenant-cultivated land before and after the World War II. 30

Percentage of Owner-Cultivated Land and Tenant-Cultivated Land (%)

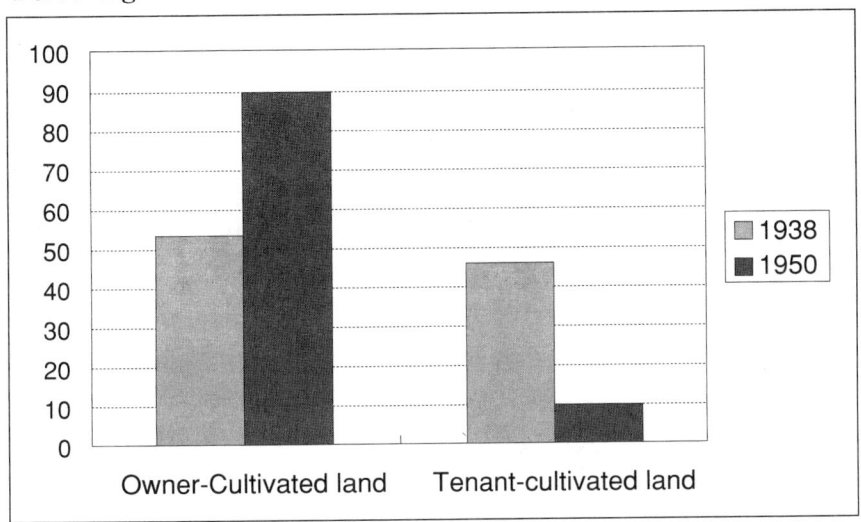

(Ministry of Agriculture and Forestry)

① Land reform
② The commercialization of agriculture
③ The collectivization of agriculture
④ The abolishment of plantations

Question 18 After the World War I, much effort was made to prevent the outbreak of another world war. Choose from the following choices ①-④ the statement which correctly describes the effort. 31

① In 1919, the Treaty of Versailles was signed, and Germany and Russia were completely forbidden from maintaining military forces.
② In 1920, the League of Nations was established, and the United States of America and the United Kingdom were made permanent members of the board.
③ In 1922, the Washington Treaty was signed, and the decision was made to reduce the armaments of German air force.
④ In 1928, the Kellogg-Briand Pact (Treaty for the Renunciation of War) was signed and use of force in settling international disputes was prohibited.

Question 19 Referring to the following graph, choose from the following choices ① -④ the statement which correctly describes the influence of the World War I on the Japanese economy. 32

Changes in the Amount of Investment Planning Capital (1 million yen)

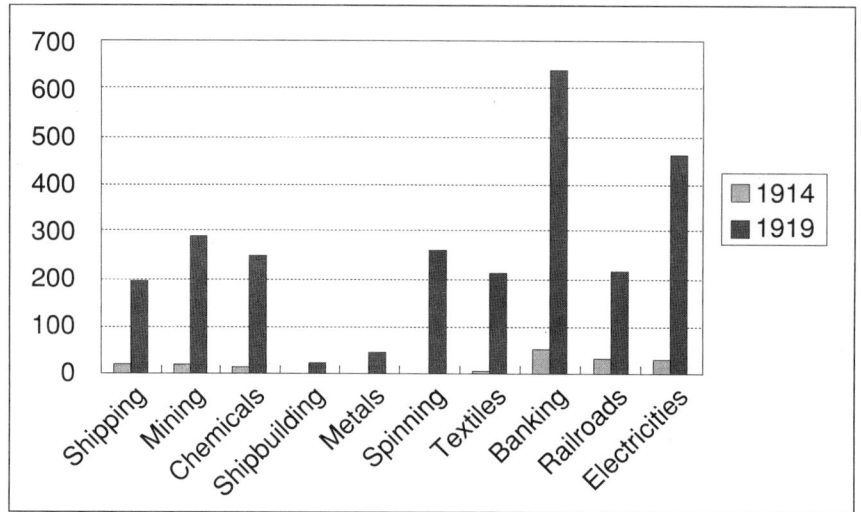

(Miwa Ryoichi, *Gaisetsu Nihon Keizai-shi Kingendai*, University of Tokyo Press)

① The chemical industries were stimulated by imports from Germany and developed rapidly.

② Heavy industries were prohibited from exporting to Germany and were thus depressed.

③ Light industries continued in a depressed state in reaction to prosperity during the war.

④ Banking showed remarkable advances because of the prosperity during the war.

Question 20 The following tables show the composition of commodities in the total sum of foreign trade in the late 19th century Japan. Referring to the tables, answer the questions (1)-(3) below.

Composition of Commodities in Exports (%)

	Raw silk	Green tea	Marine products	Rice	Cotton yarn	Silk textiles	Coal	Others
1882	43.1	18.2	5.2	4.4	—	—	—	29.1
1897	34.1	4.6	—	—	8.2	6.0	5.2	41.9

(Totals for 1882: 37,720,000 yen; for 1897: 163,160,000 yen)

Composition of Commodities in Imports (%)

	Cotton yarn	Sugar	Cotton textiles	Wool textiles	Oil	Raw cotton	Rice	Machinery	Iron and steel	Others
1882	22.2	15.1	14.6	8.9	7.9	—	—	—	—	31.3
1897	4.4	9.0	4.4	4.4	—	19.9	9.8	8.0	4.1	36.0

(Totals for 1882: 29,450,000 yen: for 1897: 219,300,000 yen)
(*Nippon Boeki Seiran (Japan Trade Almanac)*, TOYO KEIZAI INC.)

(1) Choose from the following choices ①-④ the statement which correctly describes the changing compositions of commodities in this period. $\boxed{33}$

① Raw silk and green tea continued as the two largest export items.
② Cotton yarn and sugar continued as the two largest import items.
③ The amount of cotton yarn export exceeded that of import.
④ The amount of cotton yarn import exceeded that of export.

(2) Choose from the following choices ①-④ the statement which correctly describes the exports in this period. $\boxed{34}$

① The exports of raw silk was active.
② The exports of cotton yarn retreated.
③ The exports of green tea decreased by half.
④ The exports of coal decreased.

(3) Choose from the following choices ①-④ the statement which correctly describes the situation developed at this time. $\boxed{35}$

① An energy revolution from hydroelectronic to thermal power generation occurred.
② An energy revolution from coal to oil occurred.
③ An industrial revolution in heavy industries proceeded.
④ An industrial revolution in light industries proceeded.

Question 21 In the first half of the 19th century, Indonesians were forced to cultivate coffee trees and sugar canes by the Dutch. Choose from the following choices ①-④ the statement which appropriately describes this forced system. |36|

① Coffee beans were exported at high prices, making Indonesians rich.
② People could no longer grow rice in their lands, causing problems for the livelihood of the Indonesians.
③ Sugar canes were cultivated for consumption by the Indonesians.
④ The forced cultivation depended on the labor of Dutch farmers.

Question 22 The following chart shows trade relations between Great Britain, India, and China in the first half of the 19th century. The A, B, and C in the chart represent the typical export goods. Choose from the following choices ①-④ the combination of the goods which corresponds to the A, B, and C in the chart. |37|

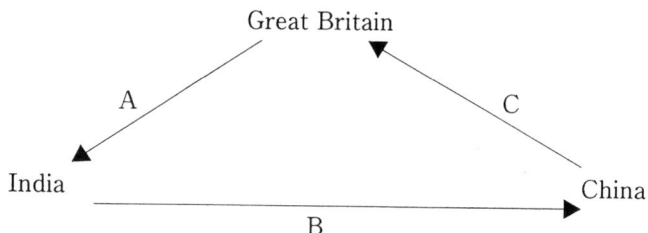

	A	B	C
①	Wool textiles	Opium	Silver
②	Wool textiles	Raw cotton	Porcelain
③	Cotton textiles	Opium	Tea
④	Cotton textiles	Spices	Raw silk

Question 23 The following items A-D below are the events connected with the War of American Independence. Choose from the following choices ①-④ the correct chronological order in which these events took place. **38**

A Representatives from the 13 states announced the Declaration of Independence.
B George Washington was appointed the first president.
C The Constitution of the United States of America was enacted.
D The Treaty of Paris recognized the American Independence.

① A→B→D→C
② A→C→B→D
③ A→D→C→B
④ C→B→A→D

End of Japan & the World questions.
Leave numbers **39** ~ **60** on your answer sheet blank.

Question Booklet

2002 Examination for Japanese University Admission for International Students

Mathematics (80min.)

【Course 1 (Basic) • Course 2 (Advanced)】

(Select either of these courses and answer its questions only.)

I. Important Rules and Information

1. Do not open this question booklet until permission to start the test is given.
2. Course 1 is on pages 1-13, and course2 is on pages 14-25.
3. You must mark your answers on the answer sheet with an HB pencil.
4. You may write your calculation in the spaces below questions.
5. You may not leave the room with this question booklet, even after the test is over.
6. Write your name and examination registration number in space provided below, in the same way that they appear on your examination admission card.

II. Answering Method

1. Each letter $\boxed{A}$, $\boxed{B}$, $\boxed{C}$, etc. in the questions represents a numeral (from 0 to 9) or the minus sign (-). Completely blacken your answer for each letter in the corresponding line of the answer sheet.
   Write square roots in their simplest form; for example, simplify $\sqrt{12}$ to $2\sqrt{3}$. When writing a fraction, attach the minus sign to the numerator, and reduce the fraction to its lowest terms.

   【Example】
   If your answer to $\dfrac{\boxed{A}\sqrt{\boxed{B}}}{\boxed{C}\boxed{D}}$ is $\dfrac{-\sqrt{3}}{14}$, you would mark the answer sheet as shown below.

   【Answer sheet】

A	●	①	②	③	④	⑤	⑥	⑦	⑧	⑨	⓪
B	⊖	①	②	●	④	⑤	⑥	⑦	⑧	⑨	⓪
C	⊖	●	②	③	④	⑤	⑥	⑦	⑧	⑨	⓪
D	⊖	①	②	③	●	⑤	⑥	⑦	⑧	⑨	⓪

2. Be sure to carefully read the instructions on the answer sheet too.

Examination registration number		Name	

Mathematics: Course 1 (Basic Course)

Marking of Your Course Selection

You need to indicate the course (Course 1 or Course 2) you select on the answer sheet. As shown in the example on the right, if you select Course 1, circle the label "Course 1" and completely blacken the oval under the label. If you do not properly blacken the appropriate oval, your answers may not be graded.

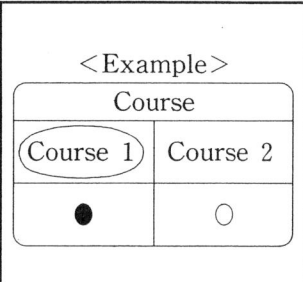

I To fill in the blanks, choose the most appropriate one from the list of items given after each sentence.

Q1 The quadratic equation
$$2x^2+6x-3=0$$
has two roots (solutions) of which smaller root is $\boxed{A}$.

① $\dfrac{-3-\sqrt{15}}{2}$ ② $\dfrac{-3-\sqrt{3}}{2}$ ③ $\dfrac{3-\sqrt{15}}{2}$ ④ $\dfrac{3-\sqrt{3}}{2}$

Q2 Given the proposition

"if $a=0$ or $b=0$ then $ab=0$"

for two real numbers a and b, its contrapositive proposition is $\boxed{B}$ and its converse proposition is $\boxed{C}$.

① if $ab=0$ then $a=0$ or $b=0$

② if $ab=0$ then $a=0$ and $b=0$

③ if $ab\neq 0$ then $a\neq 0$ or $b\neq 0$

④ if $ab\neq 0$ then $a\neq 0$ and $b\neq 0$

Mathematics—2

Q3 The function
$$f(x)=|2-x|-2|2+x|$$
can be expressed as $\boxed{D}$ for x satisfying $x \leq -2$.

① $-3x-2$ ② $-x-6$ ③ $x+6$ ④ $3x+2$

Q4 The value of $3^{\frac{2}{\log_{10}3}}$ is $\boxed{E}$.

① 2 ② 3 ③ 8 ④ 10 ⑤ 100

II. To each of **A**, **B**, ..., **P** corresponds one of the following symbol or figures: $-$(minus sign), 0, 1, ..., 9. Choose an appropriate symbol or figure.

Q1 If real numbers x and y satisfy the set of equations

$$x+y=3 \quad \text{and} \quad xy=1$$

then

$$x^2+y^2=\boxed{A} \quad \text{and} \quad x^3+y^3=\boxed{BC}.$$

Mathematics—4

Q2 The polynomial
$$P = x^4 - 7x^2 + 12$$
can be factorized into
$$P = \left(x - \boxed{D}\right)\left(x + \boxed{E}\right)\left(x - \sqrt{\boxed{F}}\right)\left(x + \sqrt{\boxed{G}}\right).$$

Q3 Suppose the graph of the function
$$y = ax^2 + bx + c$$
is as shown on the right. Then

$a = \boxed{\text{H}}$, $b = \boxed{\text{I}}$ and $c = \boxed{\text{J}}$.

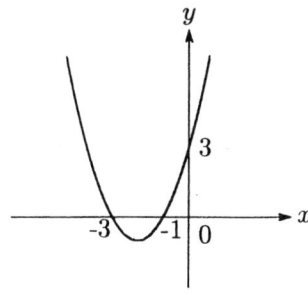

Mathematics—6

Q4 Consider the following two parabolas:

$$y = x^2 - 4x + 1, \quad \cdots\cdots ①$$
$$y = 2x^2 - 20x + 49. \quad \cdots\cdots ②$$

(1) The coordinates of the vertex of the parabola ① are $\left(\boxed{K}, \boxed{LM}\right)$.

(2) The x-coordinates of the intersection points of these two parabolas are $\boxed{N}$ and $\boxed{OP}$.

Mathematics—7

III To each of A, B, ..., T corresponds one of the following symbol or figures: − (minus sign), 0, 1, ..., 9. Choose an appropriate symbol or figure.

Q1 For variable x whose range is $-1 \leqq x \leqq 2$, consider the function
$$y = \left(\frac{3}{2}\right)^x.$$
Its minimum value is $\dfrac{\boxed{A}}{\boxed{B}}$ and its maximum value is $\dfrac{\boxed{C}}{\boxed{D}}$.

Q2 The triangle ABC satisfies

$$AB=3, \quad BC=7 \quad \text{and} \quad CA=5.$$

Then we have the following:

(1) For the angle A, $\cos A = \dfrac{\boxed{EF}}{\boxed{G}}$.

(2) The area of $\triangle ABC$ is $\dfrac{\boxed{HI}\sqrt{\boxed{J}}}{\boxed{K}}$.

Q3 In the coordinate plane consider the circle
$$x^2+y^2-8x-4y+16=0.$$

(1) The coordinates of the center of this circle are $(\boxed{L}, \boxed{M})$ and its radius is $\boxed{N}$.

(2) The coordinates of the intersection points of this circle and the line
$$x+y=8$$
are $(\boxed{O}, \boxed{P})$ and $(\boxed{Q}, \boxed{R})$ with $O<Q$.

(3) The area of the domain defined by the following two inequalities
$$x^2+y^2-8x-4y+16 \leq 0,$$
$$x+y-8 \leq 0$$
is $\boxed{S}\pi + \boxed{T}$.

Mathematics—10

IV To each of **A**, **B**, ..., **R** corresponds one of the following symbol or figures: − (minus sign), 0, 1, ..., 9. Choose an appropriate symbol or figure.

Q1 The progression $\{a_k\}$ is defined as
$$a_k = k^2 - 2k + 2 \quad (k \geq 1).$$
Then the sum of the terms from the first term up to the n-th term is
$$\frac{\boxed{A}\, n^3 - \boxed{B}\, n^2 + \boxed{C}\, n}{\boxed{D}}.$$

Q2 The function
$$f(x)=x^3+3x^2-9x-3$$
attains its maximal value at $x=\boxed{\text{EF}}$ and the maximal value is $\boxed{\text{GH}}$. Also, it attains its minimal value at $x=\boxed{\text{I}}$ and the minimal value is $\boxed{\text{JK}}$.

Q3 The area of the figure surrounded by the parabola $y=x^2+3$, the line $y=2\sqrt{3}\,x$ and the y-axis is $\sqrt{\boxed{L}}$.

Q4 Let A, B and C be mutually independent events. Suppose that the probabilities for which A, B and C occur are 0.9, 0.8 and 0.7, respectively.

(1) The probability for which all three events A, B and C occur simultaneously is 0.$\boxed{\text{MNO}}$.

(2) The probability for which exactly two events among three events A, B and C occur is 0.$\boxed{\text{PQR}}$.

End of Mathematics : Course 1 questions.

Mathematics: Course 2 (Advanced Course)

Marking of Your Course Selection

You need to indicate the course (Course 1 or Course 2) you select on the answer sheet. As shown in the example on the right, if you have selected Course 2, circle the label "Course 2" and completely blacken the oval under the label. If you do not properly blacken the appropriate oval, your answers may not be graded.

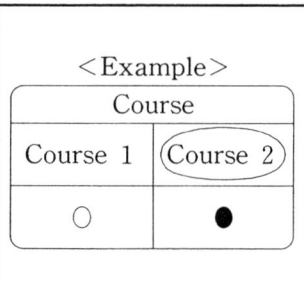

I To fill in the blanks, choose the most appropriate one from the list of items given after the sentences.

Q1 Given the proposition

"if $a=0$ or $b=0$ then $ab=0$"

for two real numbers a and b, its contrapositive proposition is $\boxed{A}$ and its converse proposition is $\boxed{B}$.

① if $ab=0$ then $a=0$ or $b=0$

② if $ab=0$ then $a=0$ and $b=0$

③ if $ab \neq 0$ then $a \neq 0$ or $b \neq 0$

④ if $ab \neq 0$ then $a \neq 0$ and $b \neq 0$

Q2 Consider the following six graphs numbered from ① to ⑥.

(1) The graph of the function $y=\sin x$ is $\boxed{C}$.

(2) The graph of the function $y=\cos 2x$ is $\boxed{D}$.

① 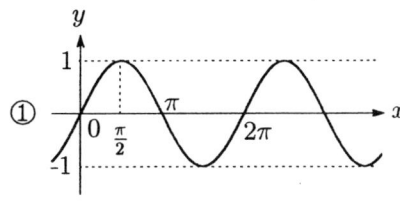   ④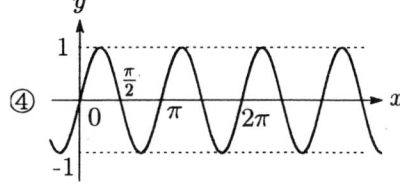

② 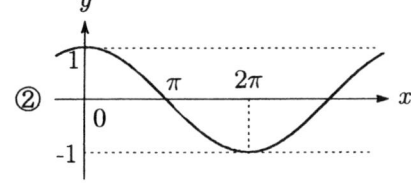   ⑤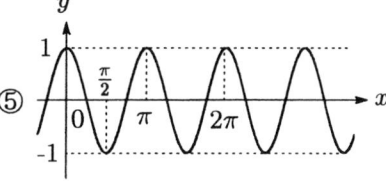

③ 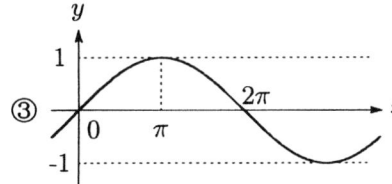   ⑥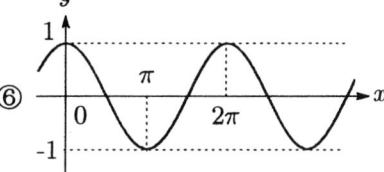

Q3 The range of x which satisfies the irrational inequality
$$2\sqrt{2x-1} \geq x-1$$
is $\boxed{E} \leq x \leq \boxed{F}$.

① $\dfrac{1}{4}$ ② $\dfrac{1}{2}$ ③ $5-2\sqrt{5}$ ④ 2 ⑤ $5+2\sqrt{5}$

Q4 The derivative of the function
$$y = e^{2x}\log(2x+1)$$
is $\boxed{G}$, where $\log x$ denotes the natural logarithm of x with the base e.

① $e^{2x}\log(2x+1) + \dfrac{e^{2x}}{2x+1}$ ② $e^{2x}\log(2x+1) + \dfrac{2e^{2x}}{2x+1}$

③ $2e^{2x}\log(2x+1) + \dfrac{e^{2x}}{2x+1}$ ④ $2e^{2x}\log(2x+1) + \dfrac{2e^{2x}}{2x+1}$

II To each of **A**, **B**, ..., **S** corresponds one of the following symbol or figures: $-$ (minus sign), 0, 1, ..., 9. Choose an appropriate symbol or figure.

Q1 If real numbers x and y satisfy the set of equations

$$x+y=3 \quad \text{and} \quad xy=1,$$

then

$$x^2+y^2=\boxed{A} \quad \text{and} \quad x^3+y^3=\boxed{BC}.$$

Q2 In the coordinate plane consider the circle
$$x^2+y^2-8x-4y+16=0.$$

(1) The coordinates of the center of this circle are $(\boxed{D}, \boxed{E})$ and its radius is $\boxed{F}$.

(2) The coordinates of the intersection points of this circle and the line
$$x+y=8$$
are $(\boxed{G}, \boxed{H})$ and $(\boxed{I}, \boxed{J})$ with $\boxed{G}<\boxed{I}$.

(3) The area of the domain defined by the following two inequalities
$$x^2+y^2-8x-4y+16 \leq 0,$$
$$x+y-8 \leq 0$$
is $\boxed{K}\pi+\boxed{L}$.

Q3 The solutions of the equation
$$2 \times 4^x - 9 \times 2^x + 4 = 0$$
are $x = \boxed{M}$ and $x = \boxed{NO}$.

Q4 The function
$$f(x)=\sin x+\sqrt{3}\cos x \quad (0\leq x<2\pi)$$
can be expressed as
$$f(x)=\boxed{P}\sin\left(x+\frac{\pi}{\boxed{Q}}\right).$$

Therefore $f(x)$ attains its maximum value at $x=\dfrac{\pi}{\boxed{R}}$ and the maximum value is $\boxed{S}$.

III To each of A, B, ..., N corresponds one of the following symbol or figures: − (minus sign), 0, 1, ..., 9. Choose an appropriate symbol or figure.

Q1 Suppose that the square matrix
$$A = \begin{pmatrix} 1 & 1 \\ a & b \end{pmatrix}$$
satisfies the equation
$$A^2 + A + E = O,$$
where E denotes the unit matrix and O denotes the zero matrix. Then $a=$ **AB** and $b=$ **CD** .

Q2 Consider a trial of throwing a dice twice.

(1) The probability for which the numbers obtained at the first and the second throw are the same is $\dfrac{E}{F}$.

(2) The probability for which the maximum of the two numbers obtained is 3 is $\dfrac{G}{HI}$. Note that the case where both numbers are 3 is included.

(3) The expectation of the maximum number obtained is $\dfrac{JKL}{MN}$.

IV To each of **A, B, ..., R** corresponds one of the following symbol or figures: $-$ (minus sign), 0, 1, ..., 9. Choose an appropriate symbol or figure.

Q1 Consider the geometric progression $\{a_n\}$ of which the first term is 2 and the common ratio is $-\frac{2}{3}$. Let b_n be defined as $b_n = a_{n+1} a_n$ for $n \geq 1$. Then the progression $\{b_n\}$ is a geometric progression and

$$\text{its first term} = \frac{\boxed{AB}}{\boxed{C}} \text{ and common ratio} = \frac{\boxed{D}}{\boxed{E}}.$$

Therefore we have

$$\sum_{n=1}^{\infty} b_n = \frac{\boxed{FGH}}{\boxed{I}}.$$

Q2 The function
$$f(x)=x^3+3x^2-9x-3$$
attains its maximal value at $x=\boxed{\text{JK}}$ and the maximal value is $\boxed{\text{LM}}$. Also, it attains its minimal value at $x=\boxed{\text{N}}$ and the minimal value is $\boxed{\text{OP}}$.

Q3 The sum of the areas of two figures surrounded by the curve $y=x^3-x$ and the x-axis is $\dfrac{\boxed{Q}}{\boxed{R}}$.

End of Mathematics : Course 2 questions.

平成14年度日本留学試験

2002 Examination for Japanese University Admission for International Students

日本語「記述」解答用紙
JAPANESE AS A FOREIGN LANGUAGE "WRITING" ANSWER SHEET

受験番号 / Examinee Registration Number ← あなたの受験票と同じかどうか確かめてください。 / Check up on your Examination Voucher.

名前 / Name

テーマの番号 / Theme No. ① ② ← ①，②のどちらかを○で囲んでください。 / Circle ① or ② which you answer.

横書きで書いてください。 / Write laterally.

理 科 SCIENCE

平成14年度日本留学試験

2002 Examination for Japanese University Admission for International Students

理 科 解 答 用 紙
SCIENCE ANSWER SHEET

[表 FRONT SIDE]

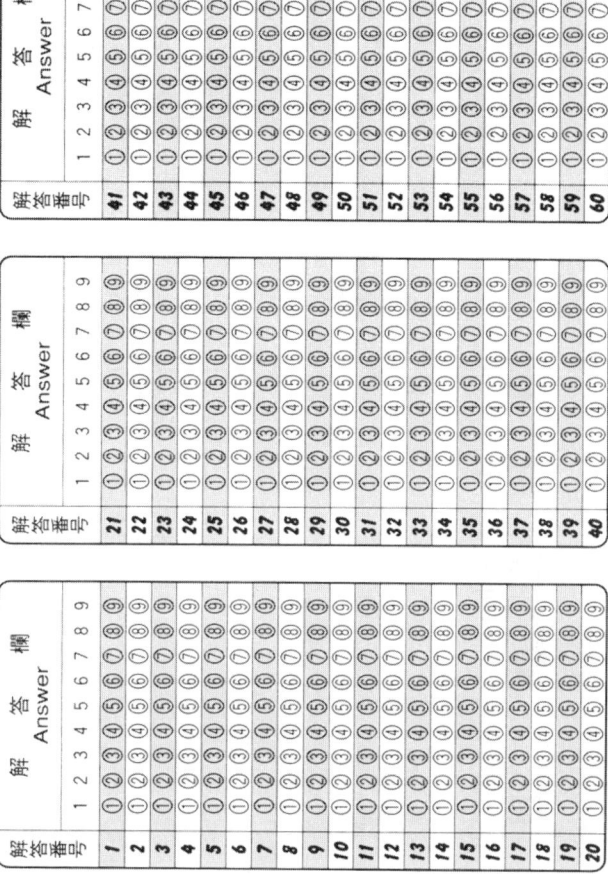

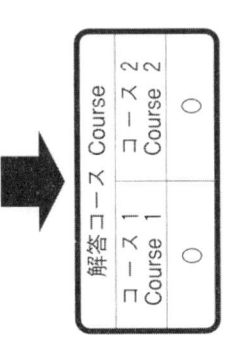

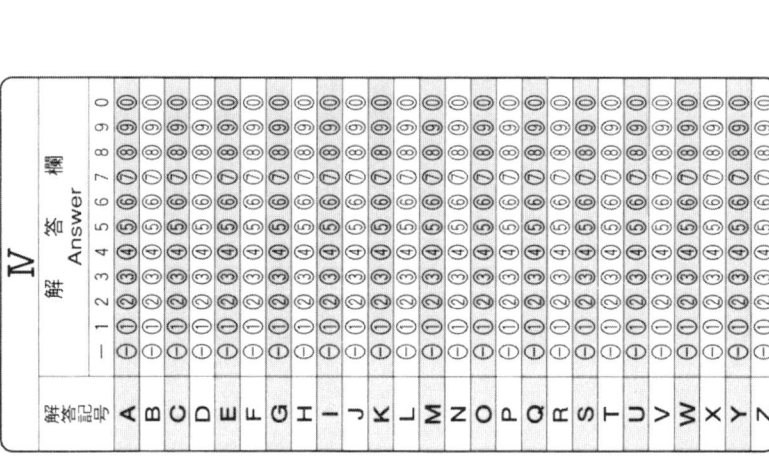

平成14年度

日本留学試験(第1回)

参 考 資 料

平成14年度(2002年度)第1回日本留学試験実施要項

1．目　的
　外国人留学生として，我が国の大学(学部)等に入学を希望する者について，日本語力及び基礎学力の評価を行う。

2．実施者
　財団法人日本国際教育協会(以下「本会」という。)が文部科学省，外務省，大学及び国内外の関係機関の協力を得て実施する。

3．試験の方法，内容等
　(1) 対　　象：外国人留学生として，我が国の大学等に入学を希望する者
　(2) 試　験　日：平成14年(2002年) 6月16日(日)
　(3) 実　施　地：国　内　北海道，宮城県，群馬県，埼玉県，千葉県，東京都，神奈川県，愛知県，石川県，京都府，大阪府，兵庫県，広島県，福岡県及び沖縄県
　　　　　　　　　国　外　インドネシア(ジャカルタ及びスラバヤ)，ヴィエトナム(ハノイ)，韓国(ソウル及びプサン)，シンガポール(シンガポール)，タイ(バンコク)，台湾(台北)，フィリピン(マニラ)及びマレイシア(クアラルンプール)

(4) 出題教科・科目等

　受験者は，受験希望の大学等の指定に基づき，以下の教科・科目の中から選択して受験する。

教　科	目　　　的	時　間	得点範囲
日本語	日本の大学での勉学に対応できる日本語力(アカデミック・ジャパニーズ)を測定する。	120分	0～400点
理　科	日本の大学の理系学部での勉学に必要な理科(物理・化学・生物)の基礎的な学力を測定する。	80分	0～200点
総合科目	日本の大学での勉学に必要な文系の基礎的な学力，特に思考力，論理的能力を測定する。	80分	0～200点
数　学	日本の大学での勉学に必要な数学の基礎的な学力を測定する。	80分	0～200点

［備考］
① 日本語の科目は，記述，聴解，聴読解，読解の4領域から構成される。
ただし，記述の評価は，上記の得点範囲には含めず，文法的能力及び論理的能力について基準に基づき採点し，表示する。
② 理科について，受験者は，受験希望の大学等の指定に基づき，物理・化学・生物から2科目を選択する。
③ 数学について，受験者は，受験希望の大学等の指定に基づき，文系学部及び数学を必要とする程度が比較的少ない理系学部用のコース1，数学を高度に必要とする学部用のコース2のどちらかを選択する。
④ 理科と総合科目を同時に選択することはできない。
⑤ 上記の得点範囲は，素点ではなく，共通の尺度上で表示する。
⑥ 出題範囲は，各教科・科目のシラバス（本会ホームページ http：//www.aiej.or.jp/ に掲載）を参照のこと。

(5) 出題言語：日本語及び英語により出題するので，受験者は，受験希望の大学等の指定を踏まえて，出願の際にどちらかを申告する（日本語の科目は日本語による出題のみ）。

(6) 解答方式：多肢選択方式（マークシート）（日本語の科目は記述式を含む。）

4．出願の手続き等

(1) 出願手続き
① 願　　書：所定のもの
② 受　験　料：国内（1科目のみの受験者）　5,200円（消費税別）
　　　　　　　（2科目以上の受験者）　10,400円（消費税別）
　　　　　　国外　各国・地域の事情を踏まえ，決定する。
③ 受付期間：国内　平成14年（2002年）2月25日（月）から3月22日（金）まで（3月22日消印有効）
　　　　　　国外　各国・地域の現地機関と調整のうえ，決定する。
④ 出　　願：国内　本会事業部試験課に提出する。
　　　　　　国外　各国・地域の現地機関に提出する。

(2) 受験案内
出願手続き等の細目については，平成14年（2002年）2月に「平成14年度（2002年度）第1回日本留学試験受験案内」により公表する。

販売の方法：国内　平成14年(2002年)2月25日(月)から1部510円(消費税含む。)で全国の主要書店において販売予定
　　　　　　国外　各国・地域の現地機関と調整のうえ，決定する。
(3) 受験票の送付
　　国　内：願書を受理したものについて，平成14年(2002年)5月24日(金)(予定)に発送する。
　　国　外：各国・地域の現地機関と調整のうえ，決定する。

5．結果の通知等
(1) 受験者への通知
　　平成14年(2002年)7月下旬に，試験の成績を通知する。
(2) 大学等への通知
　　平成14年(2002年)7月下旬に，実施結果及び試験問題を送付するとともに，大学等からの成績照会への対応を開始する。

6．その他
平成14年11月17日(日)に第2回を実施する予定であり，その実施要項については改めて定める。

```
照　会　先
〒153-8503　東京都目黒区駒場4-5-29
財団法人 日本国際教育協会 事業部試験課
　　電話　　０３－５４５４－５３３８
　　FAX　　０３－５４５４－５３３９
　　E-Mail　eju@aiej.or.jp
```

平成14年度日本留学試験(第1回)実施地別応募者・受験者数一覧

国・地域	都道府県・都市	応募者数	受験者数
日　本	北海道	88	83
	宮　城	177	160
	群　馬	48	44
	埼　玉	456	402
	千　葉	279	251
	東　京	3,757	3,392
	神奈川	349	311
	石　川	45	41
	愛　知	312	298
	京　都	338	325
	大　阪	479	451
	兵　庫	243	222
	広　島	204	184
	福　岡	1,001	958
	沖　縄	1	1
国　内　小　計		7,777	7,123
インドネシア	ジャカルタ	95	55
	スラバヤ	40	25
ヴィエトナム	ハノイ	62	54
韓　国	ソウル	262	179
	プサン	79	60
シンガポール		10	8
タ　イ	バンコク	14	9
台　湾	台北	97	72
フィリピン	マニラ	32	29
マレイシア	クアラルンプール	46	41
国　外　小　計		737	532
総　合　計		8,514	7,655

平成14年度日本留学試験(第1回)試験会場一覧

国・地域	都道府県又は都市	試 験 会 場
日 本	北海道	北海道大学
	宮 城	東北大学川内北キャンパス
	群 馬	群馬大学
	埼 玉	芝浦工業大学大宮キャンパス
	千 葉	聖徳大学
	東 京	国士舘大学世田谷キャンパス
		東京学芸大学
	神奈川	聖マリアンナ医科大学
	石 川	金沢大学
	愛 知	名古屋大学東山地区
	京 都	京都大学総合人間学部
	大 阪	大阪経済法科大学
	兵 庫	神戸大学国際文化学部
	広 島	広島修道大学
	福 岡	九州産業大学
	沖 縄	琉球大学
インドネシア	ジャカルタ	インドネシア大学
	スラバヤ	日本・インドネシア文化交流センター
ヴィエトナム	ハノイ	ハノイ貿易大学
韓 国	ソウル	善隣インターネット高校
	プサン	釜山中学校
シンガポール		シンガポール日本文化協会
タ イ	バンコク	国際交流基金バンコク日本語センター
台 湾	台北	語言訓練測験中心
フィリピン	マニラ	フィリピン大学
マレイシア	クアラルンプール	循人中学

平成14年度

日本留学試験（第1回）

正 解 表

平成14年度(2002年度)日本留学試験(第1回)試験問題 正解表

〈日本語〉

記　述　　問題解答例を245ページに掲載

聴　解

問	1番	2番	3番	4番	5番	6番	7番	8番	9番	10番	11番	12番	13番	14番	15番	16番
答	2	4	4	4	2	3	3	4	2	2	1	2	1	2	4	2

問	17番	18番	19番	20番
答	3	4	3	4

聴読解

問	1番	2番	3番	4番	5番	6番	7番	8番	9番	10番	11番	12番	13番	14番	15番	16番
答	1	4	3	1	3	4	2	2	1	3	1	4	1	2	4	2

問	17番	18番	19番	20番
答	4	3	3	1

読　解

問	問1	問2	問3	問4	問5	問6	問7	問8	問9	問10	問11	問12	問13	問14	問15	問16
答	1	3	4	1	1	3	2	3	1	1	4	2	4	4	2	3

問	問17	問18	問19	問20
答	1	2	3	2

〈理　科〉

物　理

問	I					II					III		
	問1	問2	問3	問4	問5	A 問1	問2	問3	B 問4	問5	問1	問2	問3
解答欄	1	2	3	4	5	6	7	8	9	10	11	12	13
答	3*	3	5	5	2	2	3	3	5	3	2	1	3

問	IV						V		
	問1	問2	問3	問4	問5	問6	問1	問2	問3
解答欄	14	15	16	17	18	19	20	21	22
答	3	1	3	7	5	4	5	4	3

＊この問題は，英語版では削除した。

化　学

問	問1	問2		問3		問4	問5	問6	問7		問8		問9
		(1)	(2)	(1)	(2)				(1)	(2)	(1)	(2)	
解答欄	1	2	3	4	5	6	7	削除	10	11	12	13	14
答	6	2	3	4	4	6	5		5	7	5	3	2

問	問10			問11	問12	
	(1)	(2)	(3)		(1)	(2)
解答欄	15	16	17	18	19	20
答	6	3	5	2	4	2

生　物

問	問1	問2		問3	問4	問5	問6	問7	問8	問9				問10	問11	問12
		(1)	(2)							(1)	(2)	(3)	(4)			
解答欄	1	2	3	4	5	6	7	8	9	10	11	12	13	14	15	16
答	4	1	3	2	3	3	5	4	1	1	4	1	3	2	3	5

問	問13	問14
解答欄	17	18
答	2	4

〈総合科目〉

問	問1				問2			問3	問4			問5	問6	問7		問8
	(1)	(2)	(3)	(4)	(1)	(2)	(3)		(1)	(2)	(3)			(1)	(2)	
解答欄	1	2	3	4	5	6	7	8	9	10	11	12	13	14	15	16
答	2	1	3	4	3	4	1	1	2	1	2	1	4	1	4	1

問	問9		問10		問11		問12		問13	問14		問15	問16	問17	問18	問19
	(1)	(2)	(1)	(2)	(1)	(2)	(1)	(2)		(1)	(2)					
解答欄	17	18	19	20	21	22	23	24	25	26	27	28	29	30	31	32
答	2	2	3	2	2	3	1	3	2	4	4	3	4	1	4	4

問	問20			問21	問22	問23
	(1)	(2)	(3)			
解答欄	33	34	35	36	37	38
答	3	1	4	2	3	3

##〈数　学〉

コース1

問	I								II														
	問1	問2		問3	問4	問1			問2				問3	
解答欄	A	B	C	D	E	A	B	C	D	E	F	G	H	I	J
答	1	4	1	3	5	7	1	8	2	2	3	3	1	4	3

問	II						III			
	問4						問1			
	(1)		(2)							
解答欄	K	L	M	N	O	P	A	B	C	D
答	2	－	3	4	1	2	2	3	9	4
							4	6		
							6	9		

AB＝23または46，69

問	III													
	問2						問3							
	(1)			(2)			(1)			(2)			(3)	
解答欄	E	F	G	H	I	J	K	L	M	N	O	P	Q	R	S	T
答	－	1	2	1	5	3	4	4	2	2	4	4	6	2	3	2
	－	2	4	3	0	3	8									
	－	3	6													
	－	4	8													

HIJK＝1534または3038
EFG＝－12または－24，－36，－48

問	IV										
	問1				問2							問3
解答欄	A	B	C	D	E	F	G	H	I	J	K	L
答	2	3	7	6	－	3	2	4	1	－	8	3

問	IV				
	問4				
	(1)			(2)	
解答欄	M	N	O	P	Q	R
答	5	0	4	3	9	8

コース2

問	I							II		
	問1	問2		問3	問4			問1		
		(1)	(2)							
解答欄	A	B	C	D	E	F	G	A	B	C
答	4	1	1	5	2	5	4	7	1	8

問	II															
	問2									問3			問4			
	(1)			(2)				(3)								
解答欄	D	E	F	G	H	I	J	K	L	M	N	O	P	Q	R	S
答	4	2	2	4	4	6	2	3	2	2	−	1	2	3	6	2

問	III													
	問1				問2									
					(1)		(2)			(3)				
解答欄	A	B	C	D	E	F	G	H	I	J	K	L	M	N
答	−	3	−	2	1	6	5	3	6	1	6	1	3	6
										3	2	2	7	2

JKLMN＝16136または32272

問	IV															
	問1									問2						
解答欄	A	B	C	D	E	F	G	H	I	J	K	L	M	N	O	P
答	−	8	3	4	9	−	2	4	5	−	3	2	4	1	−	8

問	IV	
	問3	
解答欄	Q	R
答	1	2
	2	4
	3	6
	4	8

QR＝12または24，36，48

「記述」問題解答例

①

　留学生のための学生寮を建てるのは都会がいいか田舎がいいか。それぞれの立場を比べ，どちらがよいか考えてみたい。

　都会の利点は，「便利だ」ということだろう。都会にはさまざまな情報が集まるので，調べものをするのに便利だし，その国の新しい文化を学ぶこともできる。

　一方田舎には，「環境がいい」という長所がある。田舎は静かで空気もきれいなので，落ち着いて勉強をするのにはふさわしい。

　2つの立場を比べてみると，私は田舎のほうがよりよいと思う。確かに都会は便利に見えるが，インターネットなどを活用すれば，田舎にいてもさまざまな情報を手に入れることができる。最近は都会も田舎も，「便利さ」という点ではあまり違いがないと思う。

　「便利さ」は科学技術で作ることができるが，「よい環境」を科学技術で作ることは難しい。だから私は，環境のよい田舎に学生寮を建てるのがいいと考える。

②

　私は，小さいうちはコンピュータの基本的なことだけができればいいと思う。

　第1の理由は，コンピュータはあまりにも便利すぎるということだ。子供は，ものごとを考えるための基礎的な練習として，自分の手と頭を使って文字を書いたり計算したりすることが必要である。しかしコンピュータを使うと，字を書いたり計算したりということが非常に簡単にできてしまう。子供のころからそのように便利な道具を使っていると，自分の力でものごとを考える習慣がつかなくなってしまうのではないだろうか。

　第2の理由は，コンピュータは子供の体に悪い影響を与えるかもしれない，ということである。コンピュータの画面が目に悪いことは言うまでもないし，長い時間同じ姿勢でコンピュータに向かい合うことで，骨の成長がさまたげられるということも考えられる。

　したがって私は，子供にどんどんコンピュータを使わせた方がいい，という考えには反対である。

2002 (제1차) 일본유학시험(EJU) 기출문제·정답 완전공개자료

초판인쇄 : 2003년 8월 30일
초판발행 : 2003년 9월 6일
편   저 : (財)日本国際教育協会
펴 낸 이 : 엄호열
펴 낸 곳 : (주)시사일본어사
등록일자 : 1977년 12월 24일
등록번호 : 제300-1977-31호
주   소 : 서울 종로구 원남동 13
           TEL. 1588-1582 FAX. (02) 3671-0500
           URL http://www.sisabook.com
           E-mail tltk@chol.com

ⓒ 2003

* 이 교재의 내용을 사전 허가 없이 전재하거나 복제할 경우 법적인 제재를 받게 됨을 알려 드립니다.
* 잘못된 책은 구입하신 서점이나 본사에서 교환해 드립니다.
* 정가는 표지에 표시되어 있습니다.

ⓒ 2003 Association of International Education, Japan

ISBN 89-402-0492-1 18730

CD　トラック番号一覧

トラック番号	問題番号等	トラック番号	問題番号等
1	音量調節	24	聴読解説明
2	聴解説明	25	聴読解練習
3	聴解練習	26	聴読解 1番
4	聴解 1番	27	聴読解 2番
5	聴解 2番	28	聴読解 3番
6	聴解 3番	29	聴読解 4番
7	聴解 4番	30	聴読解 5番
8	聴解 5番	31	聴読解 6番
9	聴解 6番	32	聴読解 7番
10	聴解 7番	33	聴読解 8番
11	聴解 8番	34	聴読解 9番
12	聴解 9番	35	聴読解10番
13	聴解10番	36	聴読解11番
14	聴解11番	37	聴読解12番
15	聴解12番	38	聴読解13番
16	聴解13番	39	聴読解14番
17	聴解14番	40	聴読解15番
18	聴解15番	41	聴読解16番
19	聴解16番	42	聴読解17番
20	聴解17番	43	聴読解18番
21	聴解18番	44	聴読解19番
22	聴解19番	45	聴読解20番
23	聴解20番		